TERRITOIRES D'INNOVATION EN RUSSIE

Collection « L'esprit économique »

fondée par Sophie Boutillier et Dimitri Uzunidis en 1996
dirigée par Sophie Boutillier, Blandine Laperche, Dimitri Uzunidis

Si l'apparence des choses se confondait avec leur réalité, toute réflexion, toute Science, toute recherche serait superflue. La collection « L'esprit économique » soulève le débat, textes et images à l'appui, sur la face cachée économique des faits sociaux : rapports de pouvoir, de production et d'échange, innovations organisationnelles, technologiques et financières, espaces globaux et microéconomiques de valorisation et de profit, pensées critiques et novatrices sur le monde en mouvement...
Ces ouvrages s'adressent aux étudiants, aux enseignants, aux chercheurs en sciences économiques, politiques, sociales, juridiques et de gestion, ainsi qu'aux experts d'entreprise et d'administration des institutions.

La collection est divisée en six séries :

Dans la série *Economie et Innovation* sont publiés des ouvrages d'économie industrielle, financière et du travail et de sociologie économique qui mettent l'accent sur les transformations économiques et sociales suite à l'introduction de nouvelles techniques et méthodes de production. L'innovation se confond avec la nouveauté marchande et touche le cœur même des rapports sociaux et de leurs représentations institutionnelles.

La série *Economie formelle* a pour objectif de promouvoir l'analyse des faits économiques contemporains en s'appuyant sur les approches critiques de l'économie telle qu'elle est enseignée et normalisée mondialement. Elle comprend des livres qui s'interrogent sur les choix des acteurs économiques dans une perspective macroéconomique, historique et prospective.

Dans la série *Le Monde en Question* sont publiés des ouvrages d'économie politique traitant des problèmes internationaux. Les économies nationales, le développement, les espaces élargis, ainsi que l'étude des ressorts fondamentaux de l'économie mondiale sont les sujets de prédilection dans le choix des publications.

La série *Krisis* a été créée pour faciliter la lecture historique des problèmes économiques et sociaux d'aujourd'hui liés aux métamorphoses de l'organisation industrielle et du travail. Elle comprend la réédition d'ouvrages anciens, de compilations de textes autour des mêmes questions et des ouvrages d'histoire de la pensée et des faits économiques.

La série *Clichés* a été créée pour fixer les impressions du monde économique. Les ouvrages contiennent photos et texte pour faire ressortir les caractéristiques d'une situation donnée. Le premier thème directeur est : mémoire et actualité du travail et de l'industrie ; le second : histoire et impacts économiques et sociaux des innovations.

La série *Cours Principaux* comprend des ouvrages simples, fondamentaux et/ou spécialisés qui s'adressent aux étudiants en licence et en master en économie, sociologie, droit, et gestion. Son principe de base est l'application du vieil adage chinois : « le plus long voyage commence par le premier pas ».

Guillem Achermann

Territoires d'innovation en Russie

Ambitions et contraintes d'une politique de clusterisation

Préface d'Olga Garanina

L'Harmattan

5-7, rue de l'École-Polytechnique ; 75005 Paris

http://www.editions-harmattan.fr/

ISBN : 978-2-343-13678-3
EAN : 9782343136783

À la mémoire de Margarita Stefanovna Koudriachova (1936-2016), Professeur de Sociologie à l'Université d'État Lomonossov de Moscou.

Sommaire

Avant-propos

Derrière une politique de cluster, il n'y a pas seulement un modèle, des politiciens et des cadres de la fonction publique. Il y a aussi tout un écosystème sectoriel et/ou territorial qui réagit à cette politique d'innovation, se l'approprie et la valorise. Parfois, celui-ci la rejette ou lui est autant qu'il le peut indifférent. Dans tous les cas, les potentielles trajectoires de cet écosystème sont multiples. Ce type d'approche évolutionniste a été privilégiée par les chercheurs en sciences sociales depuis les années 1980 pour comprendre pourquoi certains territoires résistaient mieux aux crises systémiques. En effet, depuis ces années, les dynamiques croissantes de globalisation ont complexifié les flux d'informations, de connaissances, de marchandises, de personnes, de capitaux, augmenté la diversité des chocs et crises systémiques, favorisé des reconversions industrielles, voire renforcé l'entropie de certains territoires. Dans ce contexte, les économistes ont été contraints de fortement nuancer l'universalité de certains modèles organisationnels de développement dans le temps. Paradoxalement, de nombreux modèles, sous-entendant un principe d'universalité, continuent d'être précisés et sont repris dans de nombreux pays du globe. Le concept de « cluster » de l'économiste américain Michael Porter en est un exemple. Cet engouement pour l'approche porterienne est à expliquer par la relative souplesse que le concept autorise. En effet, les décideurs publics nationaux comme régionaux cherchant à moderniser et/ou renforcer des atouts productifs localisés se sont appropriés le modèle. Cette logique d'appropriation a décuplé les variables du modèle originel. De fait, l'observation et l'appréciation des effets du modèle sur le développement territorial ont elles aussi été diverses selon les acteurs locaux concernés. La question de l'appropriation d'un modèle organisationnel n'est pas nouvelle. Les chercheurs en sciences sociales remettent en cause traditionnellement soit la justesse du modèle, soit le faible potentiel de greffe sur les territoires concernés. Pourtant, la démarche scientifique a évolué : l'adéquation, voire la congruence, du modèle n'est plus au centre des débats, c'est la capacité des acteurs locaux à s'y adapter, c'est-à-dire à apprendre à se l'approprier pour augmenter la résilience de leur territoire dans le temps. Dans cette perspective, la souplesse du modèle encourage indirectement les acteurs à se l'approprier et à le valoriser. Mobilisant des concepts tels les milieux innovateurs, la gouvernance locale, les proximités territoriales, l'héritage socio-territorial, etc., les économistes cherchent alors à comprendre quels sont les mécanismes qui optimisent cet apprentissage. De nouvelles questions émergent, de nouvelles analyses tendent à prendre de l'importance, de nouveaux concepts viennent enrichir les précédents.

Derrière la politique de cluster russe, il n'y a pas seulement un concept emprunté aux « Américains », une « verticalité » du pouvoir poutinienne et des fonctionnaires s'efforçant d'appliquer les directives de Moscou. Il y a aussi tout un écosystème d'acteurs qui cherchent à se coordonner pour valoriser des atouts productifs localisés. Ce livre, prenant appui sur le travail de thèse de doctorat de l'auteur, part du principe que la compétitivité d'un territoire se renforce une fois que les intérêts et les logiques d'action d'une pluralité d'acteurs répartis sur différentes échelles territoriales se rejoignent. Les décideurs publics russes nationaux comme régionaux ne l'ignorent pas : nombreux sont les acteurs étatiques (délégations régionales, fonctionnaires, scientifiques) qui ont visité des clusters étrangers (américains, français, allemands, japonais, chinois) et connaissent bien le rôle clé des effets d'agglomération et de la gouvernance locale pour encourager l'innovation. Pourtant, à la lumière de cet essai, l'analyse des efforts des acteurs de la gouvernance locale pour faire aboutir des projets collectifs en Russie, et plus particulièrement ici, celui donnant forme à un « cluster », montre que réunir l'ensemble des acteurs de la gouvernance locale n'est pas suffisant pour voir un territoire renforcer ses capacités de résilience. Ce travail d'analyse minutieux revient sur les difficultés que rencontre l'ensemble des acteurs de la gouvernance territoriale russe pour valoriser la pluralité d'atouts productifs acquis pendant la période soviétique. Il permet par ailleurs de saisir toute la complexité du développement territorial post-soviétique dans un contexte de globalisation croissante et préciser le rôle des politiques territoriales d'innovation, menées depuis les années 1990 en Russie, dans la modernisation de l'appareil productif national
.

Ce livre est loin d'être le fruit d'une trajectoire individuelle. En effet, de nombreuses personnes ont eu un rôle à part entière pour co-constituer la partie non visible de l'iceberg qu'est l'ensemble de mon travail de recherche. Ici mes remerciements les plus chaleureux vont à mon directeur de thèse – Dimitri Uzunidis –, à ma directrice de « dissertatsia » (diplôme russe de « candidat ») – Marina Mikhaïlovna Mchedlova –, à Maria-Luisa Bonaque pour les nombreuses relectures et conseils en traduction, à Vladimir Ivanovich pour son soutien matériel et financier. Par ailleurs, je ne peux oublier d'exprimer ma gratitude envers les personnes ayant composé mon jury de thèse qui ont su m'encourager à achever cet ouvrage : Blandine Laperche, Nadine Levratto, Jean-Alain Heraud et Pascal Petit. Mon stage de recherche en Sibérie occidentale s'est concrétisé grâce aux efforts de coordination de Michelle Debrenne (Université d'État de Novossibirsk) et d'Elena Vladimirovna Kondratieva (Institut d'Économie de la division sibérienne de l'Académie des sciences de Russie). Je leur suis très reconnaissant. Mes nombreux aller et retour en Russie n'auraient pas été possibles sans le soutien administratif du Centre d'études franco-russe à Moscou dont je remercie l'engagement pour aider les jeunes chercheurs en sciences sociales. Enfin, je suis très heureux qu'Olga Garanina – professeur associé d'économie à l'université d'État de Saint-Pétersbourg – ait accepté d'écrire la préface de ce livre.

Guillem Achermann

Préface

Cet ouvrage nous fait découvrir une autre Russie que celle dont on parle habituellement : l'auteur s'est efforcé d'analyser la complexité des processus de modernisation et d'innovation à l'œuvre au travers de l'étude de cas des deux villes sibériennes : Tomsk et Novossibirsk. Ces villes ont hérité de la période soviétique un vaste potentiel de recherche et développement. L'objectif est donc d'assurer une renaissance des industries innovantes. Dans la Russie actuelle, ces ambitions de modernisation sont soutenues par une stabilisation macroéconomique.

Le thème du livre nous rappelle que le poids de la Russie sur la scène économique internationale n'est pas dû uniquement à son importance géopolitique, ni à ses richesses pétrolières et gazières. En effet, ces dernières donnent naissance à de nombreuses coopérations et interdépendances bilatérales et multilatérales. De fait, la Russie détient un fort potentiel technologique. Il lui est nécessaire de trouver un nouveau modèle de gouvernance pour ses industries innovantes. Malgré les sanctions économiques et les tensions géopolitiques, la Russie figure parmi les principaux récepteurs du capital. Elle joue aussi un rôle significatif comme pays détenant un capital productif international, qui résulte principalement de ses investissements dans le secteur de l'énergie. Son potentiel technologique se révèle par ses performances dans le secteur militaro-industriel, dans l'industrie aérospatiale, mais aussi dans les technologies d'information et de communication. Ces dernières sont d'ailleurs représentatives d'une industrie nouvelle dans laquelle la Russie a réussi à développer des avantages concurrentiels pour renforcer son insertion dans le commerce international après la chute de l'Union soviétique.

L'objectif premier de cet ouvrage était de comprendre le modèle de gouvernance des industries innovantes qui prend forme dans les provinces russes. Pour y arriver, l'auteur a mobilisé une approche institutionnelle évolutionniste. En effet, tout constat rapide sur la compétitivité de l'économie russe est à nuancer. Concernant ses territoires, la

Russie est un pays extrêmement hétérogène, aussi bien en termes de géographie qu'en termes de développement économique, mais aussi de composition de ses structures productives. En outre, le pays offre un vaste éventail d'héritages socio-culturels et religieux. Cette hétérogénéité, à la fois en termes des structures productives et de cultures et traditions variées, est localisée sur un territoire géographique immense. Cela implique des contraintes d'infrastructures pesant sur le dynamisme économique et pose la question de la cohérence d'ensemble du projet de gouvernance du développement national.

En Russie, les objectifs relatifs au développement des territoires sont traditionnellement coordonnés dans un cadre de relations centralisées. En effet, un État central fort est une variable fondamentale dans l'histoire russe. Elle semble trouver une acceptation auprès d'une majorité de la population. Déjà à l'époque tsariste, des dynamiques verticales étaient dominantes. Il suffit de rappeler que le système parlementaire n'a existé en Russie que durant la période 1905-1917. Par la suite, durant la période soviétique, la coordination centralisée des mécanismes économiques a permis une industrialisation rapide traduisant une économie de rattrapage. De fait, une tradition de démocratie participative et inclusive n'est quasiment pas perceptible dans l'histoire russe avant la transition des années 1990.

Les réformes économiques des années 1990 se sont traduites par un processus de désindustrialisation sur fond de crise transitionnelle. La baisse brutale des revenus de la population a donné naissance à des stratégies de survie individuelle de la part d'une population atomisée, n'ayant qu'une propension relativement faible à se solidariser autour d'un objectif commun. En effet, la décennie 1990, dite des « années enragées », reste profondément marquée par une lutte d'acteurs individuels pour leur survie économique, au sein d'un cadre institutionnel formel en construction. Elle a produit une constellation complexe d'intérêts de rente économique consolidant un pouvoir politique et variable d'une région à l'autre. De fait, durant cette période, l'économie est restée enracinée dans un contexte institutionnel où la propagation de règles informelles fut favorisée par des lacunes et des défaillances des règles formelles.

L'État central revient en force dès le début des années 2000. La restauration de la « verticale du pouvoir » est alors soutenue par une stabilisation macroéconomique basée sur le rebond des prix pétroliers. L'État a alors comme priorité de soutenir l'innovation des entreprises. Cette ambition devient le leit-motiv au tournant des années 2010, dont le symbole fut le centre de recherche et développement de Skolkovo à Moscou, appelé à devenir la « Silicon Valley russe ». Le lancement du programme pour la création des « clusters territoriaux d'innovation » dans les différentes régions s'inscrit dans la continuité de cette nouvelle dynamique. Initiés par Moscou, ces programmes de développement des « clusters territoriaux d'innovation » encouragent les acteurs régionaux à participer à la définition des priorités sectorielles, ainsi qu'à la mise en place de dynamiques explicitement inclusives à l'échelle locale. Or, l'auteur montre que la rigidité des constellations des intérêts économiques et politiques des acteurs régionaux fait encourir à ces clusters le risque de devenir des coquilles vides.

L'auteur s'est fixé comme objectif dans cet ouvrage d'analyser les dynamiques du développement des territoires russes par le biais de la politique des « clusters territoriaux d'innovation ». L'étude de cas des clusters de Novossibirsk et Tomsk en Sibérie occidentale lui offre un lieu d'enquête particulièrement riche. Le premier chapitre s'interroge sur les concepts mobilisés derrière le terme de « territoire ». Il retrace une analyse fouillée des tentatives de « clusterisation » du territoire russe et éclaire le lecteur sur la décision de l'État russe d'implanter des « clusters territoriaux d'innovation » sur l'ensemble de son territoire. Le deuxième chapitre décrit la trajectoire de deux régions sibériennes : Tomsk et Novossibirsk. L'accent est mis sur le décalage entre les résultats escomptés et le mode réel de fonctionnement des clusters. Enfin, le troisième chapitre tire des conclusions concernant l'efficacité des « clusters territoriaux d'innovation » dans la modernisation de l'économie russe.

En fournissant à son lecteur une analyse minutieusement renseignée, l'auteur a choisi d'insister sur trois dimensions. La première dimension propose de conceptualiser un « cluster territorial d'innovation » sous l'angle d'une approche évolutionniste. La seconde cherche à retracer les initiatives de développement régional en Russie du point de vue des institutions formelles. Enfin, une troisième dimension, qui n'en reste pas moins importante, fait découvrir au lecteur l'ampleur des régulations informelles contraignant in fine l'émergence d'innovations à l'échelle d'un territoire. De fait, ce livre s'efforce de faire le lien entre dynamiques de développement par le haut et impulsions locales en Russie pour montrer où se situe le point d'équilibre dans un contexte institutionnel en pleine mutation.

Olga Garanina

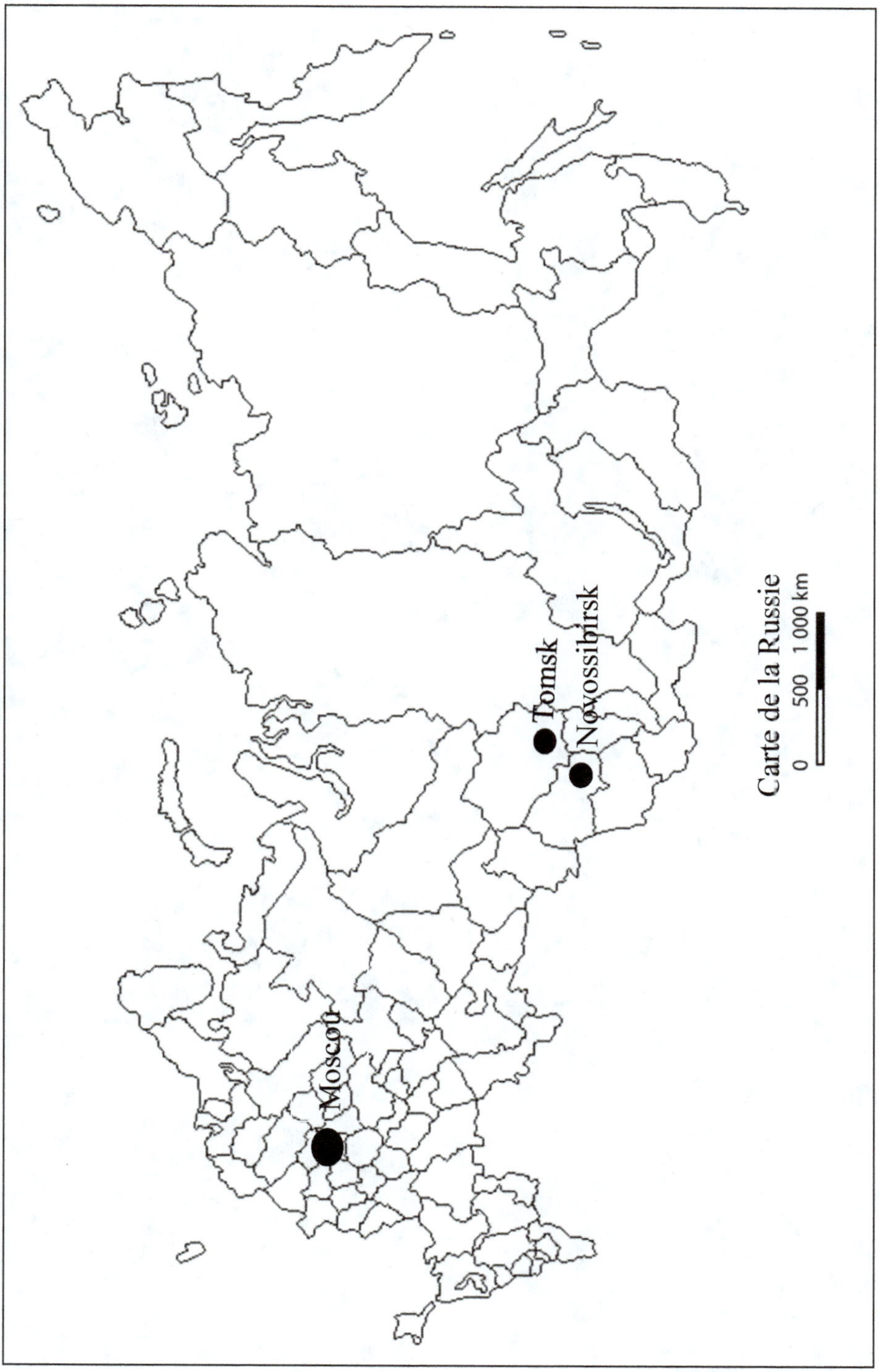
Moscou
Tomsk
Novossibirsk
Carte de la Russie
0 500 1 000 km

« L'affinité est une notion utilisée en chimie, elle signifie une « parenté chimique » : certaines substances chimiques sont capables de se combiner avec d'autres substances chimiques. On peut aussi utiliser cette notion au sens figuré dans l'économie politique : des formes de propriété déterminées sont capables de se combiner avec des mécanismes de coordination déterminés. On observe également un phénomène opposé : certaines formes de propriété ne peuvent pas d'une manière naturelle, sans effort, s'associer à certains mécanismes de coordination »

(Kornai, 1992, p.529)

Introduction

Qu'entend-on par territoire ? Où commence et s'arrête un territoire ? Pourquoi parler de « territoire d'innovation » ? Le flou autour du terme de territoire est justifié. Employé tous azimuts par une diversité d'acteurs (universitaires, décideurs publics, associations, etc.) depuis plus d'une décennie, le terme de territoire requiert ici quelques précisions. Dans cet essai, le territoire n'est pas synonyme de région, localité, etc., il est appréhendé comme un ensemble d'acteurs (entreprises, universités, administrations étatiques, banques, associations, etc.) relativement proches géographiquement qui, par leurs interactions, observent une organisation particulière tendant à ancrer des savoir-faire, des normes, des valeurs, etc. dans un cadre spatio-temporel évolutif. S'inspirant de l'approche systémique, cette définition sous-entend des frontières territoriales évoluant selon la nature et la multiplicité des interactions internes et externes et plus seulement en fonction de décisions administratives des instances étatiques. De fait, les acteurs composant un territoire ne sont ni des électrons libres, ni des entités complètement malléables. Ils cherchent en priorité à comprendre les dynamiques évolutives de leur environnement intra et extra territorial pour anticiper une multiplicité et une diversité de crises systémiques (telles des crises économiques, mais aussi des crises sociales, politiques, environnementales, etc.). Pour cela, certains acteurs locaux peuvent chercher une protection contre ces crises à l'échelle supérieure (territoire étatique), d'autres peuvent prendre les devants en développant des stratégies pour s'organiser collectivement et renforcer l'ancrage de savoir-faire, procédés, produits et services locaux, etc. Ces choix sont étroitement liés aux dynamiques institutionnelles locales. Un territoire compétitif ou ici un « territoire d'innovation », est un territoire couplant des dispositifs étatiques mis en place à l'échelle nationale avec des stratégies collectives locales pour favoriser l'émergence et/ou le renforcement d'atouts productifs locaux. Ces derniers, prenant différentes formes (spécificités organisationnelles d'une entreprise à l'origine d'effets d'entraînement régionaux, spécificités sectorielles de plusieurs entreprises localisées à proximité géographique les unes des autres, etc.), contribuent, en première instance, à la constitution d'un maillage institutionnel local capable d'amortir les chocs systémiques. En effet, c'est en fluidifiant l'information véhiculée à l'échelle du territoire local, en permettant d'appréhender collectivement l'origine des crises systémiques, mais aussi, en générant, immédiatement par la suite, des stratégies collectives, soit un ensemble de stratégies individuelles coordonnées pour répondre, sur différentes échelles territoriales, à des problèmes collectifs, que les acteurs locaux peuvent s'adapter aux dynamiques schumpétériennes de l'innovation, mettre au point de nouveaux projets collectifs, favoriser le décloisonnement sectoriel pour innover, etc. De fait, ce maillage territorial se révèle ici particulièrement important pour soutenir les acteurs locaux dans leurs efforts d'adaptation aux crises systémiques, mais aussi stratégique pour pouvoir anticiper l'intensité des chocs systémiques et renforcer la compétitivité des organisations (entreprises, universités, instituts de recherche, etc.) locales.

Dans les années 1980, force fut de constater que le territoire ne pouvait plus être considéré comme un réceptacle passif évoluant en fonction de décisions extra-locales. Que cela soit dans des économies de marché ou des économies centralement planifiées, le constat demeurait le même. Dans le premier cas, l'implantation et les stratégies de nombreuses et diverses grandes entreprises peinaient à rendre compétitifs des territoires requérant, dans un contexte de globalisation croissante, de plus en plus de flexibilité productive. Dans le second cas, la complexité des flux productifs liés à la réalisation d'objectifs planifiés (eux-mêmes de plus en plus divers dans le temps) rendait les décisions des organes centraux de planification en matière de développement territorial de plus en plus difficiles à appliquer. Partant de cette observation, les économistes intéressés par ce phénomène se sont rendus à l'évidence : certains territoires sont plus avantagés que d'autres. En effet, certains territoires ont un passé industriel particulièrement riche, un système organisationnel spécifique, des entreprises très compétitives, des universités reconnues, etc. De plus, en mobilisant une approche évolutionniste, les économistes ont aussi mis en lumière un autre aspect du problème : certains territoires étant considérés comme peu, voire non avantagés – c'est-à-dire n'ayant pas d'entités productives performantes formalisées comme telles – ont mis en lumière des trajectoires évolutives a priori étonnantes. En effet, dans les économies de marché, ces territoires s'avéraient particulièrement habiles à s'adapter aux crises systémiques de plus en plus aléatoires et fortes depuis les années 1980. Parallèlement, certains territoires localisant des atouts productifs significatifs (entreprises compétitives, universités rattachées à des centres de recherche, etc.) n'ont pas toujours pu s'adapter aux diverses crises systémiques de leur environnement économique et ont entériné une trajectoire d'entropie. De même, dans les années 1980, certains territoires des économies centralement planifiées localisant une pluralité d'atouts productifs n'ont pas pu atteindre les objectifs des organes de planification quand d'autres, moins avantagés à première vue, ont pu valoriser une diversité d'externalités leur permettant de dépasser les objectifs planifiés. Avec la transition économique des années 1990 dans les territoires des économies centralement planifiées, l'ensemble des territoires fut et demeure encore aujourd'hui confronté directement aux crises systémiques liées aux dynamiques de globalisation croissante. Dès lors, la question qui se posait à partir des années 1980 était double : il s'agissait de comprendre pourquoi certains territoires n'ayant pas, à première vue, un potentiel de développement clairement identifié avaient pu acquérir des atouts productifs et les valoriser plus vite que d'autres, et pourquoi certains territoires considérés comme pouvant facilement renforcer leur compétitivité du fait de leurs atouts productifs locaux n'avaient pas pu s'adapter durablement face à la multiplicité des crises systémiques.

L'objectif de cet essai n'est pas de créer une typologie des territoires les plus performants pour inciter les décideurs publics des territoires à les copier, mais plutôt d'observer comment les mécanismes mis en place par les décideurs publics sont appréhendés et appropriés par les acteurs du « local » pour créer des dynamiques de long-terme à l'origine de l'émergence d'atouts productifs localisés. Face à un objet d'étude décrivant une grande complexité des interactions évolutives entre une pluralité d'acteurs territoriaux, il a été choisi dans cet ouvrage de privilégier une approche systémique. Partant du fait que les acteurs d'un territoire s'organisent pour améliorer leurs capacités à résister aux externalités négatives d'un environnement extra-territorial en constante mutation, c'est le territoire qui est appréhendé comme un système. L'organisation de ce système territorial est à recontextualiser dans une trajectoire socio-historique qu'il s'agit de comprendre. De même, la trajectoire socio-historique est à réanalyser dans un contexte organisationnel spécifique au lieu. Cette précaution méthodologique a ici pour but de limiter l'« entrée massive du biologique comme facteur moteur de l'évolution historique » (Dosse, 1987, p.198). En effet, il s'agit de ne pas « privilégier un invariant à partir duquel modifications, transformations deviennent insignifiantes » (Ibid, p.199). Ainsi, ce livre s'inscrit dans une perspective évolutionniste où le territoire est pensé autant comme un frein que comme un accélérateur des différentes impulsions générées par les différents acteurs locaux. Car le territoire, compris comme système de représentations sociales, influence ses acteurs comme ses acteurs l'influencent (Moine, 2007). Parfois les acteurs influencent sa trajectoire de façon significative (jusqu'à initier des phénomènes de « bifurcation systémique »), quelquefois, la reconnaissance de dynamiques d'inertie institutionnelle sous-entend que le territoire influence de façon significative ses acteurs. Ces différentes phases de « construction » territoriale, aléatoires et variables dans le temps, sont partie intégrante de ce que les chercheurs en sciences sociales nomment la « gouvernance ». De fait, le sujet de la « gouvernance locale » devient central dans les chemins de développement opérés par les territoires. En effet, la gouvernance locale se caractérise par « l'ensemble des décisions collectives prises par des acteurs privés et publics dans le but (plus ou moins explicite) d'assurer le développement local » (Rolfo, 2008, p.189). Par ailleurs, les territoires ne se « construisent » plus uniquement de l'extérieur, ni uniquement par rapport à l'extérieur, ils évoluent une fois que les acteurs du « local » réagissent, interagissent, se coordonnent pour résoudre des « problèmes » communs face aux changements (endogènes et exogènes) de leur environnement systémique (Torre & Beuret, 2012). Suivant les dynamiques de gouvernance à l'œuvre, certains territoires vont résoudre – ou apprendre à résoudre – leurs problèmes plus rapidement que d'autres. Cette « architecture » territoriale n'est pas fortuite, elle est le système qui donne au territoire sa spécificité et par extension ses prédispositions à s'adapter plus ou moins facilement.

En choisissant de traiter le sujet de l'organisation des territoires de Russie dans une perspective évolutionniste, cet ouvrage se veut ambitieux. D'une part, les travaux autour de ce sujet ont été plus ou moins abandonnés par les économistes soviétiques une fois le processus d'implosion de l'URSS initié, d'autre part le phénomène de transition économique à l'œuvre dans le pays dans les années 1990 a marginalisé l'étude des transformations des territoires pour se concentrer sur l'aspect organisationnel du changement systémique, sous-estimant les multiples formes de la résilience des territoires. Si quelques chercheurs se sont efforcés de décrire et caractériser les trajectoires évolutives de certains territoires des espaces post-soviétiques, il s'agit ici d'aller plus loin dans la réflexion. En effet, en recontextualisant le territoire comme un système en constante transition, la « transition » économique des années 1990 en Russie – bien que particulièrement significatif dans le cas russe – peut être appréhendée à l'échelle des territoires comme un phénomène transitionnel supplémentaire. De fait, dans cet essai, le point d'entrée de l'analyse n'est pas la transition économique, mais le territoire en tant que système d'acteurs constamment contraint à se transformer pour diminuer l'intensité des crises endogènes et exogènes (voire hybrides) liées à l'environnement systémique. De ces efforts réalisés par les acteurs locaux, des « traces » (du passé) s'accumulent et façonnent l'organisation territoriale dans sa mutation. En cherchant à comprendre comment les acteurs du « local » puisent dans leur passé, il ne s'agit pas d'y voir seulement des « résistances » aux nouvelles configurations économiques et sociales (phénomène de « dépendance de sentier »), mais aussi de véritables stratégies individuelles ou collectives pour anticiper les conséquences néfastes des crises systémiques. Dans ce contexte, les actions des acteurs territoriaux ne sont pas forcément les conséquences de stratégies réactives, elles peuvent être aussi celles de stratégies pro-actives. Les premières sont la réponse non coordonnée des acteurs territoriaux locaux aux transformations territoriales alors que les secondes sont des stratégies collectives englobant une majorité d'acteurs territoriaux participant conjointement à la réorganisation des dynamiques territoriales pouvant forger de nouvelles compétences et nouvelles ressources territorialisées (Gallego-Bono & Lamanthe, 2008). Dès lors, ici, ce ne sont pas les atouts productifs qui accroissent la compétitivité des territoires, mais l'organisation de ces atouts productifs pour les renforcer ou en créer de nouveaux de façon continue qui donne au territoire son caractère compétitif. Ainsi, en s'intéressant à l'évolution des territoires en Russie, cet ouvrage met en lumière l'aspect central des dynamiques de gouvernance autant dans la résilience que dans le renforcement de la compétitivité des territoires. De plus, par la spécificité du cas russe (activité étatique quasi omniprésente dans les années 1980, transition systémique et retrait massif de l'activité étatique dans les années 1990, réintroduction partielle et aléatoire de l'activité étatique dans les années 2000, etc.), les acteurs de la gouvernance locale demeurent partagés sur les stratégies à choisir et adapter pour anticiper les crises systémiques. En effet, les nombreux processus d'« essai-erreur » des territoires post-soviétiques, favorisant l'émergence de dynamiques d'apprentissage localisées, peuvent, une fois recontextualisés, rappeler l'importance de ne pas sous-estimer le rôle des externalités territoriales évolutives dans la réorganisation des dynamiques locales. Par externalité territoriale, il s'agit ici de ne pas conceptualiser une frontière entre les « bonnes » et les « mauvaises » externalités du territoire, mais de les présenter comme partie intégrante du système territorial local et pouvant être distinguées puis valorisées par les acteurs territoriaux eux-mêmes.

Devant la multiplicité des « territoires d'innovation » de Russie, le choix de recentrer le sujet autour des territoires de Sibérie occidentale n'est pas insolite. En effet, le développement industriel de ces territoires n'est pas linéaire, la Seconde Guerre mondiale a joué indirectement un rôle catalyseur – bien plus important que dans d'autres régions – du développement territorial local. L'étude de ces territoires devient donc particulièrement intéressante pour appréhender, sous l'influence d'événements et/ou de décisions exogènes, les processus de constitution, de renforcement et de valorisation d'un potentiel de ressources territorialisées. Considéré aujourd'hui[1] par le gouvernement russe comme relativement riche et diversifié, le « réservoir » de connaissances accumulées, localisé dans les territoires de Sibérie occidentale, peut-il être valorisé par le biais d'une gouvernance locale, elle-même soutenue et orientée par une politique de développement territorial ciblée, qui porte, stimule, renforce les projets d'innovation des acteurs locaux ? À la fois appréhendé comme une externalité territoriale « pesant » sur les capacités de résilience du territoire et offrant diverses spécificités organisationnelles locales susceptibles d'être valorisées, le « réservoir » de connaissances accumulées dans le temps divise les acteurs de la gouvernance locale. Selon le milieu social auquel ils appartenaient, mais aussi leurs trajectoires personnelle et collective, les individus n'ont très souvent pas le même regard sur l'expérience soviétique (économique, politique et sociale). Pourtant, à la lumière de la théorie économique, c'est bien en valorisant les ressources (organisationnelles, productives, cognitives, etc.) des territoires que les systèmes productifs locaux (soit un ensemble d'acteurs productifs localisés sur un même territoire participant à des dynamiques productives similaires et/ou complémentaires) peuvent accroître leurs spécificités organisationnelles et favoriser leur intégration dans la division internationale du travail. Ici une question pourrait être posée par les acteurs des territoires : quel est le poids (ou la force) de l'héritage territorial et des spécificités culturelles sur la capacité des acteurs locaux à s'organiser pour valoriser les atouts territoriaux ? Mais la question est maladroite. En effet, l'héritage territorial n'est pas figé. Penser l'héritage territorial comme un héritage culturel peut encourager certains acteurs locaux à se « victimiser » face à leur héritage territorial (et à justifier la faible performance des initiatives publiques et privées en matière de développement territorial) ou a contrario à se mettre en avant afin de répondre à l'idée d'un mythe national et/ou régional à préserver (qui appelle souvent à exagérer la réalité du terrain au détriment d'une minorité, ou même d'une majorité d'acteurs). Le positionnement de cet essai n'est pas de remettre en cause la com-

[1] Cf. la « Conception de développement socio-économique de long terme de la Fédération de Russie sur la période 2008-2020 », Décret du 17 novembre 2008 (№ 1662-p), consultable en russe sur :
http://economy.gov.ru/minec/activity/sections/strategicPlanning/concept/indexdocs

préhension de l'environnement territorial des acteurs locaux, mais d'expliquer pourquoi l'utilisation de l'argument « culturel » peut être mobilisée par les acteurs de la gouvernance locale. Au travers d'une perspective culturaliste, l'analyse tend vers une simplification et une hiérarchisation de systèmes organisationnels complexes (Boudon & Bourricaud, 1982). De fait, l'apport du terme de « culture » d'un territoire (ou d'une région et/ou pays) dans le discours d'un acteur local est à recontextualiser et à nuancer. Dans cette étude, l'héritage territorial est conceptualisé comme un processus d'accumulation localisé, d'intensité variable et continu dans le temps, de connaissances (organisationnelles, scientifiques, mais aussi en matière de normes, de valeurs, etc.) qui appelle les acteurs territoriaux à le distinguer, à s'en « s'affranchir », à le « préserver » (Maurel, 2005), à en sélectionner des parties, et à se l'approprier dans l'élaboration de leurs stratégies individuelles et collectives. À l'échelle d'un territoire, cet héritage territorial laisse des « traces » (Maurel, 2005 ; Gessat-Anstett, 2007 ; Duez, 2011) dans les mémoires collectives : certains savoir-faire, procédés, technologies, pratiques, etc. sont oubliés, peuvent être retrouvés, revalorisés, réadaptés, rejetés, etc. L'objectif ici, n'est pas tant de repérer le point d'impulsion ainsi que les phénomènes d'appropriation et de rejet des acteurs territoriaux devant leur héritage territorialisé que de comprendre les mécanismes inter-acteurs territoriaux qui les font émerger.

À partir d'une étude menée dans les oblasts de Novossibirsk et Tomsk en Sibérie occidentale (Russie), il s'agit dans cet essai de caractériser les trajectoires territoriales de ces deux régions et d'analyser les efforts de modernisation de l'outil productif local réalisés autant de la part des acteurs du « local » que du gouvernement russe, mais aussi conjointement. Ces deux territoires illustrent bien l'ambition de l'État de créer des régions motrices relayant les priorités sectorielles nationales définies par le gouvernement russe. En effet, possédant un socle productif et sectoriel (ainsi qu'un « réservoir » de connaissances) relativement proche, ces deux territoires ont été sélectionnés en 2012 par les autorités russes pour y créer des « clusters territoriaux d'innovation[2] ». Cet outil

[2] Le mot « cluster » composant le terme de « cluster territorial d'innovation » n'est pas une traduction opportune de la part de l'auteur. En effet, les autorités publiques russes ont choisi de transcrire directement le mot anglo-saxon dans la langue russe, sous-entendant une filiation avec le concept porterien originel.

conceptuel de « réorganisation » des dynamiques territoriales a pour objectifs de valoriser le « réservoir » de connaissances localisé et favoriser l'émergence et/ou le renforcement de systèmes territoriaux d'innovation russes. Le « réservoir » ciblé est souvent étroitement lié à des industries considérées comme détenant un potentiel de forte plus-value financière par les autorités publiques, mais aussi comme stratégiques pour la modernisation de l'appareil productif national. L'approche en terme de « cluster » renvoie aux travaux universitaires de l'économiste américain Michael Porter. Optant pour une définition relativement large, Porter (1998) parle de « concentration géographique d'entreprises interdépendantes : fournisseurs de biens et de services dans des branches industrielles proches ; les firmes livrant le produit final coopèrent avec les universités, et leurs concurrentes » pour définir un cluster. Dans deux de ses ouvrages « The Competitive Advantage of Nations » (Porter, 1990) et « On Competition » (Porter, 1998), Michael Porter insiste sur le rôle des stratégies d'entreprise dans la performance des clusters. Dans l'approche porterienne, les frontières géographiques des clusters peuvent se limiter à une ville, une localité (cf. l'étude de Porter sur la filière viticole californienne[3]), mais peuvent aussi englober une région entière, voire un pays, parfois plusieurs régions, plusieurs pays (cf. les travaux de Porter sur la « vallée des technologies sans-fil » [*Wireless Valley*] en Suède et en Finlande[4]). Repris et adapté dans diverses politiques territoriales de différents pays, le concept de « cluster » n'est cependant pas totalement nouveau. En effet, depuis les années 1980, les approches et concepts théoriques des économistes évolutionnistes (Nelson & Winter, 1982), réappropriés pour analyser et comprendre les différentes trajectoires territoriales, ont mis en lumière l'importance des effets d'agglomération et des dynamiques d'apprentissage dans la constitution d'atouts productifs localisés. Plusieurs concepts ont ainsi été précisés (district industriel, système local productif, milieu innovateur, etc.) dans l'objectif de stimuler cette pluralité d'ef-

[3] Porter M, Bond G-C, 1999, *The California Wine Cluster*, Harvard Business School Case, June, Revised February 2013, p.799-124.

[4] Solvell O, Zander I, Porter M, 2000, *The Microcompetitiveness of Wireless Valley. Invest in Sweden Report 2000*, Stockholm: Invest in Sweden Agency ; Porter M, 2004 Global competition, clusters and Finland's Wireless Valley, in *What next? Finnish ICT cluster and globalization*, ed. D. Steinbock, Ministry of Interior, Helsinki, p.13-17.

fets d'agglomération – et les dynamiques d'apprentissage qui s'y rattachent – et renforcer le contenu des politiques publiques axées sur le développement économique des territoires. L'importance des effets d'agglomération et des dynamiques d'apprentissage n'est pas propre aux économies de marché. Les économistes et urbanistes soviétiques (Milioutine, Kropotkine, Vesnine, etc.) avaient dès les années 1920-30 posé les bases théoriques d'une organisation du territoire tenant compte des effets d'agglomération et d'apprentissage pour réaliser les objectifs planifiés.

Dans les années 1990, les dynamiques de globalisation s'accentuent et s'accélèrent. De fait, l'ouverture progressive des frontières économiques, l'impact du progrès technique sur les réseaux de transport, la démultiplication des flux de marchandises, d'informations, de personnes, etc., encouragent indirectement les entreprises à exploiter des externalités de connaissances générées par l'activité productive et sectorielle des territoires. Cherchant à localiser leurs investissements, leurs partenariats, leurs bureaux de Recherche & Développement, etc. dans des territoires disposant de dynamiques de coordination spécifique, mais aussi favorisant l'innovation localisée, de nombreuses entreprises incorporent la valorisation d'externalités de connaissances au cœur de leur stratégie de développement. De leur côté, les États, s'efforçant continuellement de renforcer leur appareil productif national, ont tout intérêt à développer des stratégies pour rendre visibles les atouts productifs et organisationnels de leurs territoires. Observant une popularité croissante du concept de « cluster », une diversité de pays (développés, mais aussi en voie de développement) a cherché à profiter des effets d'entraînement, qui en plus d'augmenter la visibilité de sites géographiques à fort potentiel de développement, permet d'intégrer les acteurs territoriaux les composant aux stratégies des décideurs publics (Leducq & Lusso, 2011). En effet, c'est en donnant aux acteurs territoriaux locaux un rôle dans la trajectoire évolutive de leur territoire que la flexibilité du tissu productif local s'accroît. Cette flexibilité, étroitement liée au système institutionnel local, mais aussi à ses interactions et relations avec le système institutionnel régional et/ou national, permet aux acteurs locaux de renforcer significativement les capacités d'adaptation de leur territoire dans un contexte d'accroissement dans le temps des multiples et diverses crises systémiques. En ancrant dans le territoire des mécanismes de coordination spécifique à l'outil productif et sectoriel local, les acteurs territoriaux locaux favorisent la constitution d'un maillage territorial évolutif qui impulse et accélère les dynamiques de résilience territoriale. Au cœur de ce maillage territorial se trouve une pluralité d'acteurs locaux qui orientent et rythment les dynamiques de gouvernance locale. La décision de créer des mécanismes de coopération et de compétition inter-acteurs territorialisés appelant la constitution d'un cluster ou de fixer plus ou moins les frontières d'un cluster – du moins, les reconnaître officiellement à l'échelle d'un territoire – revient alors autant aux gouvernements nationaux soucieux de renforcer la compétitivité de leur système productif national, mais aussi leur système national d'innovation, qu'aux territoires cherchant à anticiper les diverses crises systémiques dont ils ressentent directement les effets.

L'économie russe a depuis les années 1990 toujours été soumise à des sanctions[5] (ou des menaces de sanctions) plus ou moins fortes de la part de ses interlocuteurs économiques (répondant à un événement en particulier : en réaction à la guerre en Tchétchénie de la part de l'OSCE et de l'UE en 1999[6] ou en réaction à la mort de l'avocat fiscaliste Sergueï Magnitski de la part des États-Unis en 2012[7] ; répondant à une valorisation possible d'un héritage militaro-industriel dans un contexte institutionnel relativement « fragile » : limitation des exportations de biens et technologies dits « sensibles » de la part des membres de l'OTAN depuis les années 1990[8] ; répondant à des stratégies de dumping de la part de grands groupes industriels russes : sanctions tarifaires sur les productions d'acier, d'aluminium, etc. de la part des États-Unis depuis les années 1990[9]). Si depuis 2014 (avec la crise ukrainienne), ces sanctions se sont intensifiées (interdiction aux banques russes de se financer sur les marchés de capitaux occidentaux, embargo de technologies relatives au secteur énergétique, gels des avoirs et interdiction de visas

---

[5] Le terme de « sanction » englobe ici l'ensemble des « actes d'agression économique ». Originellement, selon le droit international, seul l'ONU (soit une organisation supranationale) peut « sanctionner » des économies nationales.
[6] https://conflits.revues.org/18475#bodyftn26
[7] https://www.gpo.gov/fdsys/pkg/PLAW-112publ208/html/PLAW-112publ208.htm
[8] Cf. Guénec M, 2008, La Russie face à l'extension de l'OTAN en Europe, *Hérodote*, Vol.129, n°2, p.230.
[9] Cf. Eckert D, 2012, *Le monde russe*, 3ème édition, Collection Carré histoire, Hachette, Education, Technique, Paris, p.108.

pour des personnalités russes et ukrainiennes, etc.[10]), les politiques publiques de développement territorial initiées en Russie depuis les années 1990 pour renforcer la résilience des territoires et la compétitivité du système productif national ont-elle été appréhendées par les acteurs productifs locaux (entreprises, universités, centres de recherche, etc.) comme des outils pour réagir et s'adapter rapidement à la désorganisation des flux productifs découlant (entre autres) de ces diverses sanctions ? En s'appropriant des modèles organisationnels (tel le « cluster territorial d'innovation ») pour accélérer l'émergence d'innovation à l'échelle locale, les acteurs productifs locaux peuvent-ils freiner l'impact de ces sanctions d'intensité et de durée variables sur leur trajectoire évolutive ? Les sanctions internationales provoquent des crises systémiques difficilement prévisibles pour les acteurs locaux russes. En ce sens, il ne s'agit pas pour les différents acteurs d'un territoire (en Russie ou ailleurs) de développer des capacités à anticiper des événements fortuits, mais de renforcer leurs capacités à réagir et à s'adapter collectivement à un environnement soumis à une pluralité et une diversité de crises systémiques.

Sans vouloir entrer dans un débat ayant pour but de savoir si la théorie porterienne des clusters correspond aux spécificités organisationnelles et productives russes, il s'agit ici d'observer les motivations (politiques, économiques, sociales, etc.) des différents acteurs (soit autant celles du gouvernement russe, des administrations publiques du Centre, à savoir Moscou, que celles des divers acteurs de la gouvernance locale : entreprises, universités, associations, etc.) à assimiler, s'approprier, rejeter, etc. un concept évolutif (du concept originel de Porter au concept forgé par le gouvernement russe). À partir du postulat que ce processus d'appropriation n'est pas linéaire, il est nécessaire aussi d'analyser les interactions qui amènent l'ensemble des acteurs du développement territorial – soit des acteurs territoriaux locaux, mais aussi ceux du Centre – à renforcer leur rôle dans la gouvernance locale (relative ici à l'introduction des « clusters territoriaux d'innovation » dans le territoire) ou à s'en effacer. Dès lors le concept et son application peuvent autant être précisés par l'ensemble des acteurs concernés que par une minorité. Par

[10] Liste exhaustive, cf. : https://europa.eu/newsroom/highlights/special-coverage/eu-sanctions-against-russia-over-ukraine-crisis_fr

ailleurs, les dynamiques d'appropriation des différents acteurs territoriaux sont à mettre en parallèle avec leur perception de l'héritage socio-territorial et les repères institutionnels qui s'y rattachent. En effet, c'est en se référant à cet héritage que les individus peuvent comprendre et interpréter les logiques sous-jacentes des dynamiques de gouvernance territoriale et réagir en conséquence. De même, c'est en se positionnant vis-à-vis de cet héritage que les décideurs publics peuvent accélérer les dynamiques d'appropriation par les individus de concepts relatifs au développement territorial. Mais la question de l'héritage, bien que centrale, est ambiguë : les individus peuvent / doivent-ils s'affranchir de l'héritage territorial, le préserver ou le valoriser (partiellement, entièrement) ? S'en affranchir pour le remplacer par quoi ? Le préserver jusqu'à quand ? Le valoriser sous quelle forme ? Ces questions animent autant les relations entre acteurs de la gouvernance territoriale (répartis sur différentes échelles) que celles entre acteurs locaux directement concernés. Dans le cas de la Russie, cette question est d'autant plus décisive que la transition institutionnelle des années 1990 a encouragé un processus de « bifurcation systémique » qui contribue encore aujourd'hui à interroger la cohérence des efforts de modernisation économique des territoires russes.

La politique russe des « clusters territoriaux d'innovation » peut être analysée sous l'angle linéaire (allant de l'initiative du gouvernement russe jusqu'aux changements organisationnels, institutionnels, cognitifs, etc. qu'elle implique dans le territoire). La question qui découle de ce choix analytique peut se résumer ainsi : quel est l'impact des « clusters territoriaux d'innovation » sur les dynamiques productives des territoires ? Dans cet ouvrage, l'objectif n'est pas seulement de mettre en lumière et préciser l'influence des « clusters territoriaux d'innovation » sur les trajectoires territoriales, il s'agit aussi de s'interroger sur les motivations du gouvernement russe à s'inspirer du concept porterien, recontextualiser le processus d'intégration d'un « cluster territorial d'innovation » à l'échelle locale, rendre compte de la capacité des différents acteurs économiques (individus, groupe d'individus, organisations, etc.) à s'approprier le nouveau modèle organisationnel dans le temps, observer son impact sur l'innovation des organisations locales (entreprises, université, instituts de recherche, etc.), apprécier sa capacité à valoriser les spécificités organisationnelles des systèmes productifs locaux – mais aussi le « réservoir » de connaissances territorialisé – relever son incidence sur la résilience du territoire et questionner son impact sur la performance du système national d'innovation russe. Défini comme « la combinaison d'entreprises et organisations (acteurs du cluster) situées sur un territoire limité, et qui se caractérise par la présence : 1. d'un maillon scientifico-productif réunissant les participants du cluster en un ou plusieurs secteurs (branches clés de l'activité économique) ; 2. d'un mécanisme de coordination des activités et de coopération des acteurs du cluster ; 3. d'un effet de synergie s'exprimant par une efficience économique accrue et les bons résultats de l'activité de chaque entreprise ou organisation grâce à leur haut degré de concentration et de coopération », le « cluster territorial d'innovation » se veut adapté aux spécificités productives et sectorielles de l'économie territoriale russe. Cependant, les dynamiques d'appropriation sont des phénomènes complexes. Dans une perspective évolutionniste, les interactions – et les relations qui en découlent – relatives à la politique des « clusters territoriaux d'innovation » ne remplacent pas les interactions – et les relations qui en découlent – relatives aux mécanismes d'organisation territoriale post-soviétique russe, mais s'y accumulent, se recoupent, s'influencent dans un contexte de jeux de pouvoir évolutifs répartis sur différentes échelles de l'organisation territoriale. De fait, les différents acteurs participant au développement territorial, bien qu'interdépendants, ne poursuivent pas les mêmes objectifs ni n'ont les mêmes intérêts. En fonction de l'information que les acteurs détiennent, accaparent, reçoivent et qu'ils peuvent traiter dans un temps spécifique, les logiques de stratégies et d'actions individuelles et communes diffèrent (Dupuy & Gilly, 1996). Cette complexité de l'objet étudié nécessite de bien discerner les boucles de rétroaction des systèmes territoriaux qui peuvent révéler des transgressions à la règle instituée. Ces transgressions contribuent, de fait, à mettre en évidence les rapports de pouvoir complexes des architectures institutionnelles des territoires ciblés par l'étude.

Devant l'ambition de cet ouvrage à appréhender les trajectoires évolutives des territoires d'innovation russes, il est nécessaire de préciser une question pouvant servir de fil conducteur tout au long du livre : **l'intégration d'un « cluster territorial d'innovation » à l'échelle locale peut-elle permettre à un territoire fragilisé par un contexte institutionnel relativement instable, mais détenant des atouts productifs**

locaux avérés de répondre à des objectifs de modernisation économique ? Dans le cas russe, la modernisation économique relève de stratégies : de remontée de filières, de valorisation du « réservoir » de connaissances de la période soviétique, de décloisonnement sectoriel, de renforcement du système national d'innovation, etc. Pour répondre à cette problématique, il a été choisi de mobiliser l'approche hypothético-déductive. Il s'agira ainsi de valider ou d'invalider l'hypothèse suivante, à savoir : **les initiatives étatiques ayant pour but de favoriser l'émergence ou le renforcement d'un milieu innovateur à destination d'un territoire qui peine à stabiliser les repères institutionnels des acteurs et agents économiques le composant ne peuvent négliger le caractère inclusif de la gouvernance locale sous peine de fragiliser la résilience territoriale**. En sous-entendant que les dynamiques de gouvernance locale jouent un rôle central dans la capacité des territoires à s'adapter aux crises systémiques, ce sont les concepts de territoire, de proximités territoriales, de résilience territoriale qui guident la réflexion menée dans ce livre. S'inscrivant dans une approche évolutionniste du territoire, ces concepts demeurent essentiels pour recontextualiser et comprendre le processus d'intégration des « clusters territoriaux d'innovation » dans les régions russes.

Si l'initiative d'intégrer des « clusters territoriaux d'innovation » dans une diversité de territoires – sélectionnés par le biais d'un concours officiel ouvert à toutes les régions de Russie – émane du gouvernement russe, l'approche en termes de « cluster » n'est pas totalement nouvelle pour un grand nombre de territoires. En effet, depuis la décentralisation des moyens de coordination de l'économie soviétique générée par la transition institutionnelle des années 1990, les territoires n'ont cessé de chercher à intégrer des concepts propres à l'économie de marché des pays développés (n'ayant pas expérimenté l'application des principes théoriques de l'économie centralement planifiée[11]). Le concept de

[11] Sauf à quelques exceptions prêt : le modèle des « zones économiques spéciales », offrant un régime fiscal assoupli sur un territoire prédéfini à des entreprises d'un même secteur, a été introduit en Russie au début des années 1990 sur la base de l'expérience chinoise et plus particulièrement des territoires de Shenzhen, Zhuhai, Shantou et Xiamen ayant intégrés des zones économiques spéciales à partir de 1979. A l'origine, le modèle théorique s'appliquait à des territoires insulaires : des zones économiques spéciales ont ainsi été, avec un succès relatif, intégrés dans les îles de Porto

« cluster » en est un exemple. La première partie de ce livre (1.) revient sur cet exemple en particulier, en distinguant les différentes formes et phases d'appropriation d'un modèle organisationnel et en observant, dans le cas de la Russie, les processus d'appropriation du concept de cluster autant à l'échelle fédérale que locale. La seconde partie (2.) propose d'illustrer les mécanismes d'appropriation du concept de « cluster territorial d'innovation » par une étude de cas : en choisissant de mettre en lumière la trajectoire territoriale de deux régions russes de Sibérie occidentale (oblasts de Novossibirsk et de Tomsk) sélectionnées par le gouvernement russe pour intégrer des « clusters territoriaux d'innovation », ce sont les dynamiques d'intégration, d'adoption, d'assimilation du concept par les acteurs locaux qu'il s'agit d'observer, d'analyser et d'en comprendre les effets à l'échelle locale. Par ailleurs, ces deux régions localisent des systèmes productifs locaux relativement similaires : les secteurs des technologies de l'information et de la biopharmacie, soit des secteurs à fort potentiel de développement, mais aussi considérés comme « stratégiques », ont ainsi été ciblés par l'État et permis à ces deux territoires de disposer d'un soutien financier, logistique, juridique, etc. non négligeable pour constituer des « clusters territoriaux d'innovation ». Enfin dans une troisième partie (3.), c'est en recontextualisant les processus d'intégration des « clusters territoriaux d'innovation » dans une dimension plus large, à savoir les enjeux relatifs à la compétitivité du système productif national russe devant l'accroissement des dynamiques de globalisation, qu'il est possible de tirer quelques conclusions sur leurs capacités à renforcer le système national d'innovation russe.

Rico en 1951, de l'Irlande avec la zone aéroportuaire de Shannon en 1959 et de Taiwan à Taichung en 1965 (Bräutigam & Xiaoyang, 2011).

« La conséquence principale d'une réforme innovatrice, c'est qu'elle modifie la structure des opportunités des changements à venir : certaines solutions deviennent de plus en plus difficiles à mettre en œuvre, d'autres créent des opportunités jusque-là inimaginables. C'est pourquoi même des changements mineurs peuvent être fondamentaux pour l'avenir, pour autant qu'ils ouvrent de nouveaux chemins de dépendance. L'introduction de logiques nouvelles implique de nouveaux principes, de nouvelles valeurs et de nouveaux objectifs. Ces nouvelles mesures peuvent aussi entraîner l'apparition de nouvelles coalitions d'intérêts (constituencies) et des engagements financiers et institutionnels sur lesquels il sera difficile de revenir à l'avenir (policy lock-in) »

(Palier & Bonoli, 1999, p.412)

I] La politique des « clusters territoriaux d'innovation », l'ambition d'une politique structurelle

1. L'appropriation du concept de « cluster » par l'État russe

Quand, dans les années 1990, l'économiste américain Michael Porter propose de réunir géographiquement plusieurs acteurs territoriaux (entreprises, universités, associations, etc.) pour profiter d'externalités positives créées par les interactions et les relations favorisées par ce rapprochement, l'idée n'est pas nouvelle. En effet, Dupin (1867) et Marshall (1890) avaient déjà remarqué, à leur époque, les atouts productifs générés à la fois par la spécificité du lieu et le rapprochement géographique des industries. Au début du XXe siècle, la grande entreprise fordiste créée sur la base d'une accumulation massive de capital et de moyens productifs (dynamique exogène) est mise en avant comme un modèle productif de réussite (Boutillier, 2006) et détourne les économistes de l'étude des multiples et divers effets d'agglomération et externalités productives localisées. Il faut attendre l'apparition de difficultés de la grande entreprise à s'adapter aux dynamiques évolutives de la complexification des flux productifs dans les années 1970 pour que les économistes se réintéressent aux dynamiques inter-entreprises localisées (dynamique endogène). Que ce soit dans les économies de marché ou dans les économies centralement planifiées, l'étude de la coordination inter-entreprises à l'échelle d'un territoire est alors privilégiée pour influencer la trajectoire des systèmes productifs. Dans les années 1970-80, les économistes de l'école florentine (Brusco, 1982 ; Becattini, 1990 ; Bagnasco & Trigilia, 1993 ; etc.), après avoir remarqué que certains sites industriels italiens (telles les industries textiles à Prato ou de céramique dans les régions d'Émilie-Romagne ou de Modène) s'adaptent plus vite que d'autres (et plus précisément que ceux possédant essentiellement des grandes entreprises de type fordiste) aux crises systémiques, sous-entendent que le modèle de réussite de la grande entreprise n'est plus optimal (Piore & Sabel, 1984). Dans le cas des économies centralement planifiées, ce n'est pas le modèle de la grande entreprise fordiste qui, aux yeux des économistes soviétiques, montre ses limites dans la période poststalinienne, mais le manque de coordination entre organisations productives de différentes filières à l'échelle d'un territoire (Maurel, 1982). En effet, dès les années 1970, les organisations productives soviétiques peinent de façon croissante à répondre rapidement aux rythmes productifs décrétés par les organes de planification (Sapir, 2007). Que ce soit la rigidité du modèle de la grande entreprise dans l'économie de marché ou le manque de coordination locale dans l'économie centralement planifiée, c'est ici la flexibilité du tissu productif territorialisé face à un environnement évolutif dont les crises systémiques aléatoires s'accroissent dans le temps qui suscite l'intérêt des économistes.

Dans les années 1980, l'élaboration de modèles conceptuels dans les économies de marché et les économies centralement planifiées se focalise sur l'anticipation et la valorisation des externalités productives générées par les effets d'agglomération, mais aussi les spécificités du lieu (atouts sectoriels locaux, histoire locale, etc.). Les caractéristiques des deux systèmes économiques conditionnant et orientant la conceptualisation des modèles économiques, les efforts des décideurs publics pour accroître la fluidité des flux productifs posent les bases théoriques de deux approches distinctes :

- Dans les économies de marché, les économistes de l'école florentine n'hésitent pas à s'inspirer des travaux de Marshall (1890) pour (re)proposer le concept de « district industriel » où les entreprises (généralement une pluralité de petites entreprises) sont fortement dépendantes de dynamiques de coopération fondées à la fois sur le rattachement à une même branche industrielle et sur des règles non écrites appelant un système de sanctions sociales à l'échelle de la communauté locale. Cette mise en lumière de la capacité endogène des territoires à s'adapter (phénomène de résilience) a été le point de départ d'une multitude de concepts : le « système productif local » (Wilkinson, 1983 ; Courlet & Pecqueur, 1991), le « district industriel (italien) » (Piore & Sabel, 1984), le « milieu innovateur » (Aydalot, 1986), le « système sectoriel d'innovation » (Breschi & Malerba, 1997), le « système social d'innovation » (Amable & al., 1997), etc. Parmi cette pluralité de concepts, le concept de « cluster » de l'économiste Michael Porter a eu un impact considérable sur de nombreuses politiques territoriales d'innovation dans divers pays. Pour Porter (1998), un « **cluster** » se définit comme « **la concentration géographique d'entreprises interdépendantes : fournisseurs de biens et de services dans des branches industrielles proches ; les firmes livrant le produit final coopèrent avec les universités, et leurs concurrentes** » (p.197). Dans ce contexte, l'innovation de biens et services ne résulte pas d'un processus linéaire, mais doit être favorisée sur l'ensemble de la chaîne de valeurs, soit sur l'ensemble des maillons productifs d'un produit complexe. Dans l'approche de Porter, de nouveaux maillons peuvent apparaître grâce aux dynamiques d'innovation et favoriser l'émergence de nouvelles dynamiques de croissance localisées (Bernardini & Dejean, 2007). Si l'outil conceptuel de Porter a suscité un engouement important auprès des décideurs publics de nombreux pays par la simplicité d'application même du concept, la communauté scientifique, bien que reconnaissant l'importance des travaux de Porter, demeure divisée sur la capacité de ce modèle à générer des dynamiques de croissance et d'innovation (Hamdouch, 2008 ;

Leducq & Lusso, 2011). En effet, selon les approches théoriques, la délimitation des frontières spatiales des clusters diffère, mais aussi la nature des relations internes au cluster (type de réticularité) qui formulent de nouvelles dynamiques productives.

- Dans les économies centralement planifiées, c'est l'État qui décide de l'orientation des travaux des économistes soviétiques à qui l'objectif donné est d'augmenter la performance des systèmes productifs régionaux. Dans le contexte où toute externalité négative devait être anticipée à l'échelle embryonnaire des projets économiques, les économistes soviétiques insistaient sur l'importance d'un principe de complexité et de proportionnalité (Kuramin & al., 1989) à l'échelle du système productif global pour prévenir l'émergence de goulots d'étranglement dans l'allocation des ressources déséquilibrant le développement territorial et sectoriel « harmonieux » (ou équilibré) recherché. En effet, l'implantation d'une unité productive nouvelle par les organes de planification nécessitait de prendre en compte son raccord avec les circuits productifs existants (principe de proportionnalité), mais aussi de modéliser sa trajectoire selon l'adéquation et/ou la complémentarité entre les différentes branches industrielles (principe de complexité). La recherche d'une meilleure « adéquation » évolutive des flux productifs à l'échelle locale par les économistes soviétiques a donné naissance à une multitude de concepts : la « structure socio-territoriale » (Zaslavkaia, 1983), le « complexe territorial socio-économique » (Kuramin & al., 1989), etc. Parmi cette pluralité de concepts, le concept de « complexe territorial de production » (CTP) forgé sur la base des travaux du géographe Nikolaï Kolosovskii (1969), a été appliqué par l'État soviétique pour améliorer l'articulation système productif – système territorial de l'économie soviétique. Selon Bandman (1980), un complexe territorial de production se définit comme : « un ensemble planifié, 1. proportionnellement développé d'objectifs sectoriels (sphères productive et improductive), interconnectés de manière stable, 2. formé et fonctionnant dans le but de résoudre en partie ou en totalité de grands problèmes économiques, 3. concentré en un tout organique et compact, sur un territoire possédant la diversité et le volume de ressources nécessaires pour résoudre ces problèmes, 4. assurant non seulement une utilisation efficace des ressources (du point de vue de l'économie tout entière), mais aussi la protection de l'environnement et la reproduction des ressources naturelles, en participant à la division territoriale du travail, 5. desservi par un système unique d'infrastructures, dont les structures et le niveau de développement répondent aux besoins de toutes les branches de l'économie du CTP et assurent les bases planifiées des conditions de vie de la population » (in Maurel, 1982, p.96-97). Ce concept, appliqué à l'échelle de grandes régions industrielles (englobant de multiples territoires, essentiellement en Sibérie) dans les années 1970-80, devient un levier d'action pour restructurer, valoriser, accompagner les territoires soviétiques dans la résolution de « grands problèmes économiques » relatifs à l'accomplissement du plan. L'implosion du système économique soviétique au début des années 1990 a eu pour conséquence indirecte de mettre en marge les travaux sur les dynamiques territoriales des économies centralement planifiées. La décentralisation des mécanismes de coordination impulsée et encouragée par la transition économique vers le marché a favorisé l'émergence de politiques territoriales de préservation et/ou de reconversion (politiques conjoncturelles) des systèmes productifs locaux.

Les crises systémiques successives et aléatoires fragilisant le modèle de la grande entreprise fordiste dans les années 1980, les différents pays, suivant leur orientation économique (et politique) et leur système de gouvernance, peuvent adopter plusieurs stratégies :

1. Soit l'État mobilise, à l'échelle nationale ou régionale, l'ensemble des ressources (organisationnelles, cognitives, productives, etc.) accumulées pour repenser l'orientation et le développement de sa trajectoire territoriale et renforcer par effet rétroactif la résilience territoriale. L'objectif étant de favoriser l'émergence de nouveaux mécanismes de coordination productive en s'inspirant d'un cadre théorique endogène, c'est-à-dire forgé par des chercheurs nationaux (ou régionaux) étudiant les dynamiques évolutives locales. Ici, l'intensité des interactions entre les décideurs publics et les chercheurs est particulièrement forte.

En URSS, ce type de stratégie a été privilégié, mettant en lumière un modèle organisationnel unique. Par ailleurs, la politique de développement territorial soviétique engagée ne remplissait pas seulement un rôle de résilience territoriale, cette stratégie répondait aussi à un rôle d'exportation du modèle organisationnel à l'échelle internationale.

2. Soit l'État choisit, à l'échelle nationale ou régionale, d'« importer » un ou des modèles organisationnels pour répondre aux besoins d'une politique volontariste de modernisation du territoire sur la base d'une expérience pouvant être justifiée et faire référence (Lacorne, 1993). Ici l'intensité des interactions entre les décideurs publics et les chercheurs est particulièrement faible. Dans une perspective systémique, toute dynamique exogène est à mettre en parallèle avec le degré d'« ouverture » du système (Moine, 2007) : si à l'échelle locale, le système organisationnel n'est pas suffisamment « ouvert », toute tentative de modernisation exogène peut s'avérer vaine. Mais l'ouverture est un concept évolutif et sujet à différentes interprétations. Ainsi, quand la transition économique des années 1990 a été introduite dans les économies centralement planifiées, de nombreux modèles organisationnels, mais aussi institutionnels ont été importés. Si le degré d'ouverture paraissait à l'époque particulièrement grand, l'incapacité des décideurs publics à freiner les crises systémiques a été analysée, par certains chercheurs, comme un manque d'ouverture des pouvoirs publics (Kornai, 2001 ; Petrovski, 2008), quand d'autres ont pointé une trop grande ouverture (Chmatko, 2002), voire l'inadéquation des modèles organisationnels importés (Badie, 1992 ; Nuti, 1997 ; Yefimov, 2003). L'inadéquation institutionnelle sous-entend que l'ouverture n'est pas une variable suffisante pour analyser les efforts d'assimilation de modèles exogènes. Il est nécessaire ici d'appréhender les mécanismes évolutifs des systèmes organisationnels étudiés pour comprendre le choix et les raisons justifiant l'importation d'un modèle en particulier.
3. Soit l'État combine, à l'échelle nationale ou régionale, le choix d'un modèle organisationnel exogène avec les concepts endogènes des dynamiques de recherche locales (nationales et régionales). Dans ce cas-là, il s'agit pour l'État de s'approprier des modèles organisationnels exogènes en les modifiant en fonction

des spécificités organisationnelles et productives locales (phénomène d'hybridation). Ici, l'intensité des interactions entre les décideurs publics et les chercheurs oscille grandement selon les caractéristiques systémiques. Dès les années 2000 en Russie, le gouvernement russe mené par Vladimir Poutine a limité les transferts institutionnels des modèles exogènes considérés alors comme inadéquats (tels les modèles basés sur les directives du Consensus de Washington) pour permettre à l'État de se les approprier en fonction des spécificités locales.

Quelles que soient les stratégies, le processus décisionnel n'est pas sans susciter des tensions entre décideurs publics : « aux partisans d'un modèle étranger s'opposent souvent les partisans de la tradition ou du statu quo, ou encore ceux qui préfèrent, au modèle prôné par certains, un autre modèle étranger » (Lacorne, 1993, p.39). Si les dynamiques croissantes de globalisation (ouverture des frontières géographiques à l'économie de marché, augmentation des flux internationaux d'informations, de connaissances, de technologies, etc.) atténuent les stratégies de constitution d'un modèle proprement endogène, les stratégies d'importation sont depuis la fin des années 1990 de plus en plus contestées (Baron, 2007 ; OCDE, 2008) et appellent l'émergence de stratégies d'appropriation des modèles organisationnels proposés par les organisations internationales (FMI, Banque mondiale, etc.) ou encore des « États-patrons » (Badie, 1992), des États pouvant influencer fortement la trajectoire territoriale d'autres États par l'exportation massive et répétée de modèles organisationnels. Les processus d'appropriation sont étroitement liés à la configuration institutionnelle des pays (Hugon, 1999) et doivent théoriquement permettre de mettre rapidement en évidence l'inadéquation des modèles organisationnels ou de modifier la base théorique du modèle. Cependant, dans le second cas, il s'agit de ne pas dénaturer complètement les éléments constitutifs du modèle sous peine de ne garder que le champ lexical au détriment de l'outil théorique vecteur de renforcement de la résilience territoriale. Ce phénomène peut être appréhendé comme l'émergence d'un « mimétisme institutionnel » entre États (Badie, 1992 ; Mény, 1993). De fait, il s'agit de préciser que l'appropriation « renvoie à des processus et à des évolutions, et non à la présence ou à l'absence d'une qualité particulière. L'appropriation n'est pas non plus quelque chose de monolithique, qui serait exercé par un pays tout entier ou par son gouvernement » (OCDE, 2008, p.276).

En effet, plusieurs échelles d'appropriation peuvent être distinguées : la première couvre l'appropriation du modèle théorique par les gouvernements nationaux, la seconde englobe l'appropriation du modèle théorique adapté par les acteurs ou groupes d'acteurs territoriaux à l'échelle locale. Au niveau de la première échelle, l'appropriation n'exclut pas la mobilisation, le recoupement et la combinaison de concepts à la fois nationaux et extra-nationaux du passé comme du présent. Cela s'explique essentiellement par la recherche des décideurs publics d'une adhésion, voire d'un engouement, du plus grand nombre d'acteurs territoriaux participant, plus ou moins fortement, au processus de modernisation économique. En effet, « on emprunte [un modèle organisationnel] souvent pour rester à la pointe du progrès. Mais ce « progrès » pour être jugé valable nécessite une certaine durée : il faut que le modèle importé ait fait ses preuves. Faute de preuve, on se reportera à des exemples historiques anciens dont la pertinence paraît, à tort ou à raison, encore très actuelle » (Lacorne, 1993, p.39). Au niveau de la seconde échelle, l'appropriation n'est plus d'ordre conceptuel, elle s'effectue au niveau de l'introduction du modèle dans les interactions et relations territorialisées : les acteurs territoriaux s'adaptent alors aux nouvelles dynamiques organisationnelles sous-entendues dans le modèle théorique. Cette adaptation ne signifie pas pour autant une appropriation. Il y a appropriation quand le modèle est « enrichi » par les acteurs territoriaux locaux, c'est-à-dire que les mécanismes de coordination émergeant de la nouvelle « donne » organisationnelle renforcent, légitimisent et ancrent les caractéristiques propres du modèle.

L'engouement international pour le concept de « cluster » de Porter (1998) fait converger les politiques de développement territorial de nombreux pays vers le « local ». Les effets d'entraînements à l'échelle régionale recherchés par l'introduction d'une politique de modernisation ciblant un territoire, mais aussi souvent un système productif local, sont multiples : le renouvellement du tissu productif local par des flux d'investissement, de connaissance, de personnes, etc. exogènes, mais aussi par l'émergence endogène de nouveaux acteurs (comme les entrepreneurs ou de nouvelles organisations étatiques), de nouvelles relations (soit de nouveaux mécanismes de gouvernance locale), de nouvelles dynamiques productives (phénomènes d'innovation localisés), etc. ; le renforcement de la compétitivité locale (impulsé par la recombinaison à l'échelle locale des flux exogènes et endogènes) ; la constitution de dynamiques d'apprentissage localisées (mettant en lumière par effet rétroactif la spécificité du lieu) qui consolident les mécanismes de résilience du territoire ; etc. Les territoires (nationaux et régionaux), soumis 1. à une complexification croissante des flux globalisés de personnes, de marchandises, de biens, de services, d'informations, etc. générée par le développement du progrès technique (augmentation de la vitesse des flux productifs), 2. à la création de nouvelles matrices institutionnelles (ex : Union européenne, Union eurasiatique, etc.) rendant les frontières économiques entre États / régions de plus en plus poreuses, 3. à l'émergence de problèmes environnementaux globaux, sont amenés à ressentir de façon toujours plus marquée les effets des crises systémiques. Dans ce contexte, l'attrait des décideurs publics pour un renforcement du tissu productif local et une valorisation des externalités territoriales est croissant (Leloup & al., 2005). Si les approches théoriques pour renforcer le « local » sont multiples (districts industriels, systèmes productifs locaux, milieux innovateurs, etc.), la souplesse conceptuelle du cluster porterien « séduit » les décideurs publics de différents pays (Hamdouch, 2008). Mais plus que sa souplesse, c'est aussi l'expérience américaine auquel il se réfère (la Silicon Valley, la Route 128, etc., soit essentiellement des territoires dont les secteurs productifs sont liés à des technologies de pointe à haute valeur ajoutée) qui fait sa popularité (Pecqueur, 2007). La Russie, en quête de renouveau scientifique sur la scène internationale dès les années 2000, s'est alors intéressé à l'appropriation de différents pays du modèle porterien (« pôle de compétitivité » en France, « Spitzencluster » en Allemagne, « District technologique » en Italie, « Technion » en Israël, etc.) avant de forger un concept adapté à ses spécificités territoriales.

En Russie, l'appropriation du concept de cluster n'a pas été un processus linéaire décidé par le gouvernement russe pour s'insérer à l'échelle des Sujets de la Fédération de Russie (subdivisions territoriales tels les régions, les oblasts, etc.). En effet, le terme de « cluster » apparaît dans les années 2000 sous différentes formes, mais conservant la terminologie anglo-saxonne, dans divers documents nationaux officiels : « cluster territorial », « cluster pharmaceutique », « cluster scientifico-productif », etc. Les définitions de ces différents concepts s'inspirent plus ou moins du concept originel de Michael Porter. Ainsi, si dans la « Conception de développement socio-économique de long terme de la Fédération de Russie sur la période 2008-2020 »[12], document officiel retraçant les grandes lignes de la politique économique et sociale de la Russie, le terme de « cluster » est employé sans pour autant le définir, il apparaît dans un document annexe, à savoir dans les « recommandations pour la réalisation de la politique de clusterisation dans les Sujets de la Fédération de Russie »[13], sous la forme d'un « cluster territorial ». Ce dernier se définit comme le « **groupement d'entreprises, de fournisseurs d'équipements, de composants, de biens et services spécialisés, d'organismes de recherche et d'enseignement liés par une proximité territoriale et par une dépendance fonctionnelle dans la production et la vente de biens et services. Par ailleurs, les clusters peuvent être situés sur le territoire d'un ou plusieurs Sujets de la Fédération de Russie** ». Mais dans un décret du 23 octobre 2009 (№965)[14] ratifiant « la Stratégie de développement de l'industrie pharmaceutique de la Fédération de Russie jusqu'en 2020 », c'est le terme de « cluster pharmaceutique » qui est choisi. Un « cluster pharmaceutique » se définit comme la « **concentration géographique d'entreprises interdépendantes et localisées (élaborant et produisant des médicaments) englobant des fournisseurs d'équipements matériels, de composants, de services spécialisés, mais aussi d'infrastructures tels les instituts de recherche, les universités, les parcs technologiques, les pépinières d'entreprises et autres, qui, complémentaires les unes aux autres, renforcent les avantages concurrentiels de certaines entreprises, mais aussi du cluster dans son ensemble. Un signe distinctif de l'efficacité des clusters est sa production innovante** ». Enfin, dans un décret du 23 avril 2010 (№282)[15], sur « les réseaux nanotechnologiques nationaux », c'est le terme de « cluster scientifico-productif » qui est mentionné. Ce dernier se définit comme une « **forme contractuelle de coopération entre organisations, qui**

---

[12] http://economy.gov.ru/minec/activity/sections/strategicPlanning/concept/indexdocs

[13] Approuvé par le ministre adjoint du développement économique de la Fédération de Russie le 26 décembre 2008 (№20636-АК/Д19) : http://economy.gov.ru/minec/activity/sections/innovations/development/doc1248781537747

[14] http://docs.cntd.ru/document/902186334

[15] http://docs.cntd.ru/document/902212538

initient et exécutent d'une manière ciblée l'activité de développement, de production et la promotion de produits (de la nano-industrie) sur les marchés intérieurs et étrangers des produits de haute technologie ». Par ailleurs, dans un décret ministériel (ministère du Développement économique) du 16 février 2010 (№59)[16] sur « les mesures concernant la réalisation d'activités portant sur le soutien étatique aux petites et moyennes entreprises sur l'année 2010 », les subventions allouées doivent en partie permettre de déterminer les dynamiques organisationnelles des « clusters d'innovation » par le biais d'infrastructures étatiques, à savoir des « centres de développement pour la clusterisation des activités locales » sans toutefois préciser de quels clusters il s'agissait.

Parallèlement à ces initiatives émergeant à l'échelle fédérale, les décideurs publics des régions n'hésitent pas eux non plus à mobiliser le terme de « cluster » : en 2005, la région de Moscou dans un décret (du 12 avril 2005) sur « les mesures supplémentaires pour la préservation et le développement du potentiel scientifique et industriel de la ville de Moscou » (№221-ПП)[17] définit un « cluster » ou « nœud industriel » comme un « **groupe localisé sur un territoire d'entreprises technologiquement interdépendantes et couvrant un cycle productif complet, de sociétés financières, d'instituts de recherche, d'universités et d'autres organisations, mobilisant des infrastructures communes, étant complémentaires les unes des autres, et renforçant les avantages concurrentiels des entreprises comme du cluster dans son ensemble** » ; en 2007 à Samara est organisé le premier forum économique interrégional sur les orientations de la politique de clusterisation menée à l'échelle des régions[18] ; cette même année à Saint-Pétersbourg, en délimitant par décret (du 23 janvier 2008) les événements constituant la politique d'innovation régionale (№42)[19], les décideurs publics récompensent le projet de soutien à l'activité d'innovation correspondant le mieux aux objectifs de l'État. Dans le décret (du 11 no-

[16] http://economy.gov.ru/minec/activity/competition/GosZakupki/ordersinfo/dcc 20100216_03
[17] http://docs.cntd.ru/document/3707128
[18] http://sampressa.ru/11/21561/
[19] http://docs.cntd.ru/document/8465838

vembre 2008) sur « la nomination de l'administration de Saint-Pétersbourg pour le meilleur projet d'innovation délimité par un cluster » (№1401)[20], un « cluster » est défini comme « **l'ensemble des Sujets des sphères de l'économie productive, des services, de la science, de l'éducation, et autres possédant toute sorte de liens réciproques et qui ont pour objectif de concevoir des produits ou services apparentés** » ; en 2008, les décideurs publics du district administratif de Zelenograd[21] au nord de Moscou mobilisent par décret (du 17 octobre 2008) sur « le concept d'un territoire innovant dans le district administratif de Zelenograd de la ville de Moscou » (№867-РП)[22] le concept de « cluster territorialo-sectoriel » se définissant comme un « **réseau géographiquement localisé d'entreprises et d'organisations interagissant les unes avec les autres dans une même chaîne [de valeur] qui fixe le coût du produit fini ou des services, et dont la participation dans ce réseau représente un facteur significatif d'acquisition d'une compétitivité propre** » ; cette même année, la ville de Moscou fait la distinction dans un décret (du 2 septembre 2008) sur le « programme-cible urbain pour la création d'un système d'innovation moscovite sur la période 2008-2010 » (№781-ПП)[23] entre un « cluster » défini comme « **un réseau géographiquement localisé d'entités indépendantes comprenant des entreprises produisant des biens et/ou des services (fournisseurs inclus), des créateurs de technologies et de savoir-faire (établissements d'enseignement supérieur, instituts de recherche, entreprises d'ingénierie), des institutions de marché créatrices de lien (courtiers, consultants) et des consommateurs, interagissant les unes avec les autres au sein d'une même chaîne créatrice de valeur, se complétant les unes les autres, et renforçant les avantages concurrentiels aussi bien des entreprises prises en particulier que du cluster dans son ensemble** » et un « cluster technologique » défini comme « **l'ensemble des organisations réparties sur un territoire déterminé et se coordonnant par des liens productifs** » ; en

---

[20] http://docs.cntd.ru/document/8484859

[21] Le district administratif de Zelenograd (littéralement « la ville verte ») fut fondé à la fin des années 1950 par les autorités soviétiques pour implanter des systèmes productifs locaux relatifs à l'industrie de la micro-éléctronique (englobant des organisations productives, des centres de recherche, des universités, etc.). Pour plus d'informations : http://history.zelao.ru/eng/

[22] http://docs.cntd.ru/document/440501806

[23] http://lawru.info/dok/2008/09/02/n768471.htm

2010 à Moscou, les décideurs publics ont précisé dans un décret (du 24 février 2010) du programme-cible local sur « le programme intégré de l'activité industrielle dans la ville de Moscou sur la période de 2010-2011 » la définition de cluster (№161-ПП)[24], soit un « **groupe d'organisations voisines géographiquement, interdépendantes (fournisseurs, producteurs, et consommateurs) et en relation avec des établissements d'enseignement supérieur, des instituts de recherche, des organisations d'ingénierie, de services, et autres, interagissant dans une sphère déterminée, et complémentaires dans le but d'augmenter les possibilités de concurrence d'organisations performantes et du cluster dans son ensemble** » ; cette même année, en ratifiant la « Conception pour le développement de clusters dans l'économie sectorielle et dans la sphère sociale » (décret du 23 novembre 2010), les décideurs publics de la République autonome du Tatarstan définissent un « cluster » (№925)[25] comme « **l'association de Sujets de l'économie liés et complémentaires entre eux, opérant une relation de dépendance fonctionnelle dans le processus productif et dans la conception de biens (et services)** » ; en 2010[26] et en 2011[27], les décideurs publics de la région d'Omsk organisent également des conférences interrégionales pour réfléchir autour d'un projet de « clusters agro-industriels régionaux ».

L'ensemble de ces initiatives nationales et locales peut être conceptualisé comme le processus de la seconde phase d'appropriation du modèle organisationnel exogène, c'est-à-dire ici l'appropriation du concept de « cluster » de Porter. Si pratiquement presque toutes les régions de Russie ont mobilisé le terme linguistique de « cluster » dans leurs politiques locales de développement territorial, le concept n'a pas toujours été défini clairement, rendant difficiles l'application des programmes étatiques et l'appréciation de leurs effets sur les dynamiques de résilience locales. De même, les demandes de financement étatique de ces programmes régionaux étaient particulièrement hétérogènes suivant les secteurs et organisations (type d'industrie, nombre d'entreprises ciblées, etc.) concernés. Pour stabiliser le concept mobilisé tous azimuts

---

[24] http://docs.cntd.ru/document/3703318
[25] http://docs.cntd.ru/document/917041108
[26] http://www.titan-omsk.ru/news/1211/
[27] http://www.titan-omsk.ru/news/1333/

par les décideurs publics, le gouvernement russe crée en 2012 un groupe de travail pour « le développement du partenariat privé-public dans la sphère de l'innovation » (dirigé par Andreï Klepatsh) sous tutelle de la « Commission étatique pour les hautes technologies et l'innovation » (protocole №6-AK du 22 février 2012). Le concept de « cluster territorial d'innovation » est ainsi adopté par les plus hautes instances étatiques avec pour but par la suite de devenir un repère conceptuel pour l'élaboration de politiques publiques de développement territorial. Selon l'État russe, un « **cluster territorial d'innovation** » se définit comme « **la combinaison d'entreprises et organisations (acteurs du cluster) situées sur un territoire limité, et qui se caractérise par la présence : 1. d'un maillon scientifico-productif réunissant les participants du cluster en un ou plusieurs secteurs (branches clés de l'activité économique) ; 2. d'un mécanisme de coordination des activités et de coopération des acteurs du cluster ; 3. d'un effet de synergie s'exprimant par une efficience économique accrue et les bons résultats de l'activité de chaque entreprise ou organisation grâce à leur haut degré de concentration et de coopération** »[28]. De fait, en Russie, la phase d'appropriation du modèle organisationnel exogène, incorporant directement les acteurs territoriaux locaux concernés, a précédé la phase d'appropriation, soit celle relevant d'une politique étatique volontariste. Par ailleurs, le concept de « cluster territorial d'innovation » ne résulte pas de l'unique appropriation du concept de « cluster » de Porter (1998), il s'inspire aussi de l'approche territoriale soviétique (cf. Encadré n°1). En effet, le terme ainsi que la structure de la définition de « cluster territorial d'innovation » ne sont pas sans rappeler le concept soviétique de « complexe territorial de production ».

[28] Pour plus d'informations (en russe) : http://cluster.hse.ru/about/termins.php

Encadré n°1 : Les origines théoriques du « cluster territorial d'innovation »

Concepts mobilisés pour forger le concept de « cluster territorial d'innovation » :			
Modèle exogène : **cluster** (porterien)	Effets recherchés	Modèle « du passé » : **complexe territorial de production**	Effets recherchés
Origine théorique : district industriel, systèmes productifs locaux, milieux innovateurs, etc.	1. Renforcer la performance des territoires 2. Innover sur l'ensemble des maillons de la chaîne de valeur 3. Augmenter l'intensité des interactions entre acteurs territoriaux	Origine théorique : structure socio-territoriale, complexe territorial socio-économique, etc.	1. Renforcer les capacités à atteindre les objectifs du plan 2. Valoriser les ressources (organisationnelles, cognitives) inter-régionales 3. Augmenter l'intensité des interactions entre acteurs territoriaux

Processus d'appropriation : émergence du concept de « **cluster territorial d'innovation** » et application par le biais de programmes étatiques
Effets recherchés : 1. Renforcer la performance des territoires 2. Réorganiser les dynamiques organisationnelles locales 3. Augmenter l'intensité des interactions entre acteurs « moteurs » du développement territorial (universités, organisations étatiques, grandes entreprises, etc.) pour innover

Si le gouvernement russe s'approprie le concept organisationnel exogène de Porter en 2012 suite à sa mobilisation massive par les décideurs publics régionaux, les dynamiques d'appropriation par les acteurs territoriaux directement concernés par l'application conceptuelle sont toutes aussi importantes. En effet, ce sont les acteurs territoriaux locaux, concernés par les processus d'application du concept pouvant réorganiser ou désorganiser les dynamiques territoriales, qui acceptent, voire s'approprient, la « greffe » ou demeurent indifférents, voire la rejettent. Accepter un modèle organisationnel exogène suppose que le modèle théorique s'imbrique de manière particulièrement fortuite dans les dynamiques organisationnelles locales. Ce cas demeure cependant particulièrement rare, au vu de la souplesse intrinsèque traditionnelle des modèles organisationnels territoriaux. Son appropriation, par contre, nécessite un certain degré de participation, d'adhésion, et d'assimilation des acteurs territoriaux locaux au processus d'introduction du concept aux dynamiques organisationnelles locales. En effet, « la perception d'une politique publique par un acteur social, c'est-à-dire son « intégration », ne peut être que subjective puisqu'elle rejoint une construction préexistante de la réalité sociale de cet individu, ou encore une batterie de connaissances déjà ordonnées par lui. Il ne peut donc y avoir de champ cognitif partagé par tous les acteurs d'une politique publique, sauf si les conditions sociales sont réunies pour qu'ils partagent les éléments objectifs quotidiens producteurs de pratiques et de connaissances communes sur le monde » (Massardier, 1996, p.222-223). L'indifférence portée au modèle organisationnel exogène a pour conséquence d'augmenter les potentielles dynamiques de « mimétisme institutionnel » (Badie, 1992 ; Mény, 1993) qui peuvent, une fois cumulées au sein du territoire local, favoriser des dynamiques de rejet du modèle par les acteurs territoriaux concernés.

L'introduction de modèles organisationnels exogènes dans des systèmes organisationnels a traditionnellement été conceptualisée à l'échelle de l'entreprise (Van den Bosch & al., 1999 ; Zahra & George, 2002 ; Lane & al., 2006). En extrapolant à l'échelle du territoire, il s'agit d'insister sur la « systémique » du territoire. Le « système territorial » peut être ici défini comme l'ensemble des acteurs (individus, institutions, organisations, etc.) localisé dans un système spatial où les interactions à l'œuvre (en interne comme avec l'extérieur) « construisent » (Elissalde, 2002 ; Moine, 2007) des mécanismes de coordination productive spécifiques à ce milieu et modifient par effets rétroactifs les frontières systémiques évolutives. De fait, l'introduction de modèles organisationnels exogènes dans le territoire appelle une orientation et une modulation de la rythmicité du « construit » territorial. Dans le processus d'analyse de ce phénomène d'appropriation, il s'agit de caractériser le système territorial avant et après l'intégration de la politique modernisatrice et d'observer les effets des interactions territoriales suite à l'introduction du nouveau modèle organisationnel dans le territoire local. Ici, l'analyse de la gouvernance locale permet de mettre en lumière les dynamiques d'appropriation par les acteurs territoriaux. En effet, la gouvernance locale se comprend ici comme « une modalité de mise en compatibilité des actions, des modalités de coordination et des intérêts en jeu entre tous les acteurs géographiquement proches et partie prenante d'un projet collectif de développement économique » (Leroux, 2006, p.84). Dans ce contexte, les acteurs territoriaux s'adaptent aux nouveaux mécanismes organisationnels par la valorisation des informations qu'ils captent, appréhendent, légitimisent au travers de la gouvernance locale. Ces dynamiques d'adaptation aléatoires et cumulatives mettent en évidence un apprentissage des acteurs territoriaux (phénomène de récursivité) (Maillat, 2010). Ce processus d'apprentissage renforce la résilience des territoires : par la mise en place (par processus d'essai-erreur) de mécanismes organisationnels territorialisés, les acteurs territoriaux sont plus à même de réagir et sélectionner (voire initier) collectivement des stratégies communes de développement territorial quand des crises systémiques (exogènes et endogènes) déstabilisent les dynamiques territoriales locales. Sans cette gouvernance locale mobilisatrice des différentes entités territoriales, des fossés cognitifs territorialisés inter-acteurs peuvent émerger : certains acteurs ou groupes d'acteurs territoriaux acquièrent des connaissances plus rapidement que les autres et peuvent ralentir l'apprentissage des autres acteurs territoriaux (phénomène de captation couplé à des phénomènes d'appropriation) pour la réalisation d'objectifs de court-terme (soit le renforcement d'une position sur un marché ou dans un système d'acteurs par la préservation d'asymétries d'informations) (Beuret, 2006). Pour limiter l'émergence de ces fossés cognitifs, l'introduction d'un « cluster » – ou de sa forme d'appropriation selon les pays et régions – dans des territoires peut réunir les acteurs locaux autour de nouveaux projets collectifs, mais aussi de dynamiques organisationnelles spécifiques – soit des relations de coopération et de concurrence – contribuant à augmenter les interactions entre acteurs de la gouvernance territoriale dans l'objectif de renforcer l'architecture productive locale.

2. Le « cluster territorial d'innovation » et la diversité de systèmes productifs locaux

L'intégration de « clusters territoriaux d'innovation » dans le territoire de la Fédération de Russie s'effectue par le biais de programmes d'État (cf. Encadré n°3). Si la localisation des systèmes productifs locaux russes semble à première vue le résultat d'un éparpillement peu cohérent sur l'ensemble du territoire russe, il est nécessaire de rappeler ici que cette localisation est d'abord un héritage organisationnel du passé. En effet, l'implantation de systèmes productifs locaux décidée à l'époque soviétique selon les caractéristiques systémiques d'une économie centralement planifiée (outil productif couplé à un système scientifique au plus près des ressources naturelles, priorité à l'industrie lourde, prédominance du secteur militaro-industriel, etc.) pose la question des externalités productives de cet héritage et de leur valorisation dans l'économie russe post-soviétique. Sous l'impulsion de l'État, l'ensemble des systèmes productifs locaux soviétiques était de manière plus ou moins directe rattaché au complexe militaro-industriel. Leur restructuration et leur réorientation découlant de la transition économique appellent une diversification des activités productives et sous-entendent que leur flexibilité organisationnelle et productive est mise à l'épreuve. Un territoire détenant des acquis productifs anciens ou dans le cas russe « obsolètes » face aux mécanismes systémiques à l'œuvre, doit pouvoir se réorganiser pour constituer des « compétences critiques pour sa survie » (Mendez & Mercier, 2006, p.254) par des processus d'ancrage d'un savoir-faire spécifique, c'est-à-dire difficilement transférable d'un territoire à l'autre. Cependant, plus que la capacité de résilience des territoires, il est nécessaire de rappeler que les crises systémiques des années 1990 relevant de l'organisation territoriale nationale (instabilité institutionnelle entre le Centre, c'est-à-dire Moscou, et les régions, incohérence interrégionale dans la constitution de cadres législatifs locaux, fortes dynamiques d'inflation économique, etc.) peuvent freiner l'émergence de nouvelles dynamiques territoriales. Dans ce contexte, la transition économique des années 1990 appelant une décentralisation des moyens de coordination ne remet pas en cause la localisation de l'outil productif (sauf pour quelques villes mono-industrielles et/ou excentrées des grands axes de communication ferroviaires, routiers et maritimes qui disparaissent progressivement ou reçoivent des financements ciblés importants du gouvernement pour freiner ce processus entropique), mais affaiblit l'architecture et la flexibilité des systèmes productifs locaux. Plusieurs raisons peuvent être ici invoquées :

- Les interactions internes aux systèmes productifs locaux, c'est-à-dire entre les ingénieurs, les scientifiques, les cadres dirigeants, les ouvriers qualifiés, etc., n'étant plus conditionnées par les mécanismes systémiques et l'orientation productive (et sectorielle) de l'économie centralement planifiée soviétique, évoluent dans le contexte d'une recherche de rentabilité économique de court terme par les nouveaux propriétaires des organisations productives privatisées composant les systèmes productifs locaux : les relations entre acteurs des systèmes productifs locaux se fondent sur une multitude de projets collectifs qui ne s'inscrivent pas forcément dans une cohérence productive d'ensemble. Concrètement, certains acteurs productifs du cycle de production se retrouvent exclus, « appauvrissant » de fait la filière. Ainsi, dès la transition systémique des années 1990, l'importation massive de machines-outils, principalement pour l'extraction et la transformation des ressources naturelles, a réduit la dépendance des entreprises aux systèmes productifs locaux post-soviétiques monopolisant le marché et déstructuré les filières (De Boissieu & al., 1994).

- Les interactions entre systèmes productifs locaux évoluent aussi : des frontières géographiques (et institutionnelles) internes au système productif national soviétique apparaissent et favorisent l'isolement progressif des acteurs territoriaux entre les différents systèmes productifs locaux. La cohérence du système scientifique national post-soviétique est ainsi remise partiellement en cause par les nouvelles frontières nationales. De nouvelles unions transnationales sont créées (Communauté des États indépendants, Organisation du traité de sécurité collective, Communauté économique eurasiatique, Union économique eurasiatique, etc.), mais n'ont pas comme externalités principales de « reconnecter » les systèmes productifs locaux entre eux. De fait, seulement certains accords ciblés (comme celui portant sur la station spatiale internationale de Baïkonour au Kazakhstan) peuvent freiner l'émergence de frontières institutionnelles entre systèmes productifs locaux.
- Le retrait massif de l'État dans les dynamiques territoriales a réduit drastiquement le financement des instituts de recherche, des universités, etc. ce qui les a contraints à se financer par diverses activités annexes (location immobilière, nouvelles formations universitaires, nouveaux services, etc.) au détriment de leur rôle dans le renforcement des systèmes productifs locaux,

soit la formation d'un « vivier » de cadres, d'ingénieurs, de techniciens, etc. étroitement liée à l'outil productif national et/ou régional, voire d'un secteur en particulier.

- La constitution de nouveaux cadres juridiques contribuant à renforcer les phénomènes caractéristiques d'une économie de rente : certaines entreprises ont profité de l'ouverture du commerce international, mais surtout de la mise en place progressive d'un cadre juridique particulièrement souple pour accaparer des rentes de situation (principalement dans les secteurs de l'extraction et la transformation des ressources naturelles).

De fait, même si certains systèmes productifs locaux ont connu une croissance accélérée, comme ceux par exemple des régions pétrolifères ou gazières de Sibérie, leur capacité à s'adapter aux crises systémiques ne s'est pas pour autant renforcée. En effet, ici, il est nécessaire de préciser que dans une économie mondiale soumise à une complexification croissante des flux globalisés de personnes, de marchandises, de biens, de services, d'informations, etc. les systèmes productifs locaux les plus performants sont ceux qui intègrent un coefficient de flexibilité dans leur développement suffisamment important pour s'adapter à la multiplication des crises systémiques, mais aussi suffisamment mesuré pour renforcer la cohérence de leur architecture productive locale. Dans ce contexte, il s'agit pour l'État russe de privilégier la mise en place de politiques structurelles (telles des politiques industrielles et d'innovation) (Laperche & Uzunidis, 2007). Si dans les années 1990, les autorités fédérales russes, dans un souci de préservation de l'unité territoriale, mettent en place une multitude de politiques conjoncturelles (telles des politiques budgétaires et fiscales sur une période de temps déterminée) suivant les caractéristiques productives et sectorielles des territoires, dès les années 2000, avec l'arrivée de Vladimir Poutine au pouvoir, de nouvelles stratégies de valorisation sectorielles et territoriales sont initiées (cf. Encadré n°2).

En 2002, le gouvernement russe édicte une liste de priorités sectorielles à l'échelle nationale avec deux objectifs principaux: le premier est de renforcer la diversification du système productif national (déjà fortement déséquilibré par l'exploitation massive des hydrocarbures), le second est d'encourager les régions à revaloriser des systèmes productifs locaux particulièrement malmenés par les dynamiques territoriales locales post-transitionnelles des années 1990. Le choix des priorités sectorielles décrété[29] par le gouvernement russe en 2002 tend à confirmer cette volonté de soutenir une pluralité d'atouts productifs acquis pendant la période soviétique. Ces priorités sont les technologies de l'information et des télécommunications et l'électronique, les technologies aéronautiques et aérospatiales, les nouveaux matériaux et les technologies chimiques, les technologies militaires, les technologies productives, les technologies des systèmes vivants, l'écologie et l'utilisation modérée des ressources naturelles, les technologies de la préservation énergétique[30]. Si ces priorités sectorielles nationales sous-entendent une volonté politique de modernisation des systèmes productifs locaux considérés comme stratégiques et/ou à fort potentiel de développement, la politique territoriale des « clusters territoriaux d'innovation » résulte autant d'une nécessité des instances publiques fédérales de clarifier l'approche conceptuelle du champ lexical mobilisé par les décideurs publics locaux depuis le milieu des années 2000 (afin surtout que le Centre puisse déterminer plus ou moins directement une série d'indicateurs de l'innovation des territoires), que d'encourager les régions à intégrer une stratégie coordonnée de la part de l'État (sous-entendant que l'aide du pouvoir fédéral – subventions pour la préservation d'un outil productif local, exonérations fiscales, financements ciblés pour la valorisation d'atouts productifs, etc. – au développement territorial doit ne pas être considérée comme une rente). À la recherche d'un plus grand degré de cohérence dans la politique territoriale d'innovation à l'échelle nationale, l'État impulse la rédaction par les décideurs publics locaux de programmes régionaux centrés sur le développement d'un « cluster

---

[29] Décret présidentiel du 30 mars 2002 (№ПР-577) « sur les priorités de développement de la science, de la technologie et de la technique de la Fédération de Russie » : http://archive.kremlin.ru/text/docs/2002/03/30294.shtml

[30] Ces priorités ont été mises à jour par Vladimir Poutine en 2006 (Décret du 21 mai 2006, №ПР-843) et par Dimitri Medvedev en 2011 (Décret du 7 juillet 2011, №899). Ce dernier approuve huit priorités : la sécurité et la lutte contre le terrorisme, l'industrie des nano-systèmes, les systèmes de l'information et de la télécommunication, les sciences de la vie, la défense militaire et ses techniques spéciales, l'utilisation modérée des ressources naturelles, les systèmes de transports et de l'espace (cosmos), la performance et la préservation énergétique ainsi que l'énergie nucléaire. Par ailleurs, ces priorités sont accompagnées d'une liste de technologies critiques permettant de préciser un cadre de recherche et de développement. http://www.garant.ru/hotlaw/federal/335057/

territorial d'innovation ». Ce qui différencie la politique des « clusters territoriaux d'innovation » de la politique territoriale d'innovation menée jusque-là (formalisation de « naoukograds [ville scientifique] », intégration de « tekhnoparcs » [parc technologique], d'incubateurs, etc., et remaniement des « zones économiques spéciales »), c'est que les « clusters territoriaux d'innovation » ne sont pas des acteurs territoriaux promouvant et soutenant les dynamiques d'innovation (tels les « tekhnoparcs », les incubateurs, etc.) ou des statuts spéciaux donnés à des structures productives pour préserver la forme organisationnelle pré-transitionnelle de leur outil productif (tels le statut de « naoukograd », « ZATO », etc.) ou pour faciliter temporairement les flux d'investissement extra-territoriaux (tel le statut de « zone économique spéciale »), mais une forme d'organisation territoriale appelée à redessiner les dynamiques organisationnelles locales pour renforcer le système territorial d'innovation local.

Encadré n°2 : Stratégies évolutives de développement territorial local en Russie après la transition économique des années 1990

Stratégies de développement territorial	Stratégies de préservation	Stratégies de valorisation sectorielle	Stratégies de valorisation territoriale
Période	Années 1990	Années 1990-2000	Années 2010
Caractéristiques	Stratégies réactives : impulsion locale pour protéger les actifs productifs des crises systémiques post-transitionnelles avec un minimum de réorganisation territoriale	Stratégies réactives : impulsion locale pour attirer des capitaux extra-territoriaux, politique ciblée sur des atouts productifs à forte plus-value financière	Stratégies proactives : impulsion locale pour créer un « cluster » avec une participation financière de long terme de l'État, politique ciblée sur des atouts productifs à fort intérêt stratégique pour l'État
Exemples concrets (Statuts juridiques spéciaux)	« Naoukograds », « Villes fermées », « Zones économiques spéciales »	« Tekhnoparcs », « Incubateurs », « Clusters »	« Clusters territoriaux d'innovation »

Pour sélectionner les territoires ayant des atouts productifs avérés (outil productif local compétitif, masse d'actifs critique, universités et instituts de recherche performants, acteurs promouvant et soutenant l'innovation, etc.), le groupe de travail pour le développement du partenariat privé-public dans la sphère de l'innovation (dirigé par Andreï Klepatsh) sous tutelle de la « Commission étatique pour les hautes technologies et l'innovation » du 22 février 2012 (protocole №6-AK) à l'origine du concept de « cluster territorial d'innovation » a déterminé plusieurs catégories de « clusters territoriaux d'innovation ». Cette catégorisation avait pour but de tenir compte des spécificités sectorielles propres au système productif local, mais aussi de différencier les indicateurs de l'innovation en fonction des secteurs productifs choisis. Ce groupe de travail a ainsi formulé les catégories suivantes : les « technologies nucléaires et radiatives », la « production aéronautique et spatiale ainsi que l'industrie navale », la « pharmacie, les biotechnologies et l'industrie médicale », les « nouveaux matériaux », la « chimie et la pétrochimie », et les « technologies de l'information et l'électronique ». Sur la base d'un concours national, plusieurs territoires ont été sélectionnés par l'État (le Centre) selon leur potentiel de développement économique (régional) et leurs secteurs d'activités (secteurs pouvant être considérés comme « stratégiques » car correspondant aux priorités sectorielles nationales) : le 19 mars 2012, le gouvernement russe a officiellement proposé aux territoires souhaitant intégrer des « clusters territoriaux d'innovation » (subventionnés par le budget fédéral) de participer à un concours national. Après avoir réuni le 20 avril 2012 (date limite des candidatures) 94 propositions de « clusters territoriaux d'innovation » émanant de 51 territoires différents, une commission d'experts (la « Commission étatique pour les hautes technologies et l'innovation ») réunissant une centaine de personnes originaires de différentes sphères (des hauts fonctionnaires des organes fédéraux du pouvoir exécutif, d'éminents chercheurs des principales organisations scientifiques et d'enseignement du pays, des cadres dirigeants du secteur privé, etc.) a eu jusqu'au 21 mai 2012 pour rendre ses conclusions : 37 territoires ont été retenus. Une seconde sélection finalisant le concours a été effectuée trois semaines plus tard, le 13 juin 2012 par un groupe de travail mandaté par le gouvernement où 25 territoires répartis sur l'ensemble de la Fédération de Russie ont été choisis pour intégrer des « clusters territoriaux d'innovation » par le biais de subventions du budget fédéral.

La sélection des régions postulant pour intégrer un « cluster territorial d'innovation » n'a pas été un processus proprement vertical. En effet, les propositions de programmes étatiques régionaux présentant l'impact d'un « cluster territorial d'innovation » sur la trajectoire territoriale locale ont été rédigées par les décideurs publics locaux suivant des critères fixés par la « Commission étatique pour les hautes technologies et l'innovation » (structure textuelle du programme, indicateurs de l'innovation, forme organisationnelle du « cluster territorial d'innovation », etc.). Tous les « clusters territoriaux d'innovation » sont ainsi coordonnés par une organisation territoriale (entreprise gestionnaire, conseil ou comité d'acteurs clés du développement territorial, ministère, etc.)

choisie ou créée par les décideurs publics locaux. Celle-ci varie selon les spécificités institutionnelles locales c'est-à-dire en fonction des frontières administratives des territoires, qu'ils soient des oblasts, des républiques autonomes, etc., ou que le « cluster territorial d'innovation » soit localisé géographiquement à l'intersection de plusieurs Sujets de la Fédération de Russie, voire sur le territoire d'une ville dite « fermée » [ZATO]. Les mesures présentées dans les programmes étatiques (activités de soutien aux entreprises innovantes, projets appelant la réalisation d'un produit final complexe réunissant divers acteurs locaux, achats partiels d'appareils et équipements de laboratoire, projets de recherche scientifique, dispositifs de formation, introduction de nouveaux acteurs territoriaux [business incubateurs, centres d'ingénierie, etc.], etc.) répondent à des objectifs (définis et cités dans le programme) fixés par les décideurs publics locaux et validés (et/ou modifiés) par le Centre. Ces objectifs diffèrent selon le secteur d'activités, la forme de l'outil productif territorialisé (groupe de petites entreprises, de grandes entreprises ou de petites et grandes entreprises, etc.), les spécificités productives locales (à haute valeur ajoutée, les caractéristiques stratégiques pour l'État, la localisation géographique, etc.), le niveau de productivité des infrastructures productives locales par rapport à d'autres territoires étrangers particulièrement performants (nécessitant souvent des investissements étatiques de moyen-long terme dans la modernisation de l'appareil productif local), mais aussi les coordinations inter-acteurs à l'œuvre (soit les relations que les acteurs locaux ont pu tisser par le passé pour s'adapter aux évolutions territoriales). Selon les territoires, les acteurs locaux rédigeant la première version du programme peuvent souligner la nécessité de résoudre des problèmes structurels (modernisation des axes de communication, des infrastructures sociales, des capacités d'offre immobilière à destination des entreprises, etc. ; mais aussi concernant le cadre législatif et institutionnel pour les entreprises dites « innovantes ») comme des problèmes conjoncturels (importation de machines et/ou licences particulièrement coûteuses pour les entreprises locales nécessitant une intervention étatique ; mais aussi concernant l'assouplissement de la fiscalité et des barrières douanières). De son côté, l'État peut, par le biais de ces programmes, réunir (ou rapprocher) différents secteurs pour favoriser le « décloisonnement » sectoriel, vecteur de dynamiques d'innovation. Mais la rédaction des programmes peut aussi permettre à l'État de sélectionner les acteurs productifs (entreprises, universités, centres de recherche, etc.)

qu'il considère comme possédant des atouts productifs significatifs et valorisables. Ces acteurs institutionnels sont généralement ancrés dans les dynamiques territoriales locales sur une relative moyenne-longue période et ont pu s'adapter aux diverses crises systémiques depuis les années 1990. Leurs capacités productives reconnues par les décideurs publics encouragent l'État à les choisir pour répondre à des commandes étatiques et/ou projets dits « stratégiques ». En effet, les programmes, dans leur grande majorité, font état d'une liste relativement précise des acteurs territoriaux intégrés dans la réalisation des objectifs. Dans ce contexte (soit celui du processus de rédaction des programmes étatiques régionaux), de véritables tractations entre le Centre et les régions mettent en lumière un développement territorial non linéaire où les rapports de force dessinent l'évolution de la trajectoire du système territorial régional. Cette gouvernance Centre-régions s'inscrit cependant dans une continuité historique. En effet, si dans l'économie centralement planifiée soviétique, c'était les objectifs fixés par le plan qui étaient négociés entre les administrateurs du Centre et des régions, dans l'économie post-soviétique russe, ce sont les sommes allouées aux budgets régionaux ou des exonérations fiscales relatives aux spécificités productives régionales qui animent les négociations. Concrètement, si pour certains décideurs publics régionaux, l'objectif est de minimiser les atouts productifs territorialisés (soit par exemple les importants volumes de ressources naturelles valorisables) pour limiter leur contribution au budget fédéral, pour d'autres, il s'agit de maximiser leurs « handicaps » productifs (« car » hérités de la période soviétique) pour bénéficier d'aides financières supplémentaires du budget fédéral. En général, les décideurs régionaux alternent et/ou combinent les deux stratégies pour influencer les rapports de force Centre-régions (Tiraspolsky, 1994 ; Royer, 2002 ; Buffet, 2013).

Cette continuité dans l'aspect organisationnel du développement territorial soviétique / post-soviétique n'est pas une erreur d'appréciation. Ici, il s'agit de mobiliser l'approche institutionnelle (North, 1990 ; Boyer, 2001 ; Labrousse, 2002 ; etc.) pour apporter quelques précisions quant à la relative reproduction des dynamiques organisationnelles territoriales soviétiques dans l'économie russe. En effet, en postulant que la transition économique russe des années 1990 s'est déroulée dans un laps de temps particulièrement rapide (1991-1993), sans processus de « consolidation » des nouvelles institutions (Guilhot & Schmitter,

2000) ou de cohérence systémique d'ensemble (Nuti, 1997), l'impact sur les pratiques institutionnelles a été pluriel : les institutions ici peuvent être appréhendées comme des « contraintes inventées par les hommes qui s'imposent à leurs interactions » (North, 1990, in Amable, 2005, p.49). Il est nécessaire ici de distinguer deux types de contraintes : les contraintes formelles (englobant les textes de loi, les règlements, etc.) et les contraintes informelles (regroupant les normes, les pratiques non écrites, telles que certaines coutumes ou traditions, etc.). Les institutions (ou « règles ») structurent les relations entre organisations (ou « joueurs ») selon le degré d'interaction systémique créé : les institutions se « construisent » dans le temps sous l'impulsion des dynamiques évolutives de groupe. En effet, « les institutions ne sont pas principalement conçues pour résoudre des problèmes de coordination entre des agents égaux possédant des intérêts similaires, mais elles sont plutôt des solutions transitoires à des conflits entre des acteurs inégaux possédant des intérêts divergents. Les institutions émergeront comme la conséquence du comportement stratégique des agents dans un contexte d'asymétries de pouvoir » (Amable, 2005, p.19). De fait, lorsque la transition institutionnelle vers le marché a été réalisée dans les pays de l'ex-URSS après 1991, certaines dynamiques organisationnelles n'ont pas pour autant suivi le changement systémique. Yefimov (2003) constate à ce sujet que « la déstabilisation institutionnelle va de pair avec la continuité institutionnelle. C'est une façon de se protéger contre l'arrivée du chaos total. Si de nouvelles règles adéquates ne sont pas introduites ou ne sont pas maintenues par l'État, les hommes s'accrochent aux règles dans le cadre desquelles ils sont habitués à fonctionner. Et si cette force de l'habitude s'additionne aux intérêts des groupes sociaux, la continuité institutionnelle est garantie » (p.139). Dans ce contexte, si la conception du développement territorial a pu être au centre des débats parmi une diversité d'acteurs territoriaux pendant la transition économique et a pu modifier l'objet des compromis entre le Centre et les régions, l'aspect organisationnel (et structurel) des rapports de force n'en a pas pour autant changé.

En tenant compte de toute la phase précédant la politique des « clusters territoriaux d'innovation » (prise d'initiative des décideurs publics régionaux dans les dynamiques d'appropriation du concept porterien de « cluster »), « Moscou », et plus exactement ici le gouvernement russe, n'impulse pas les processus d'appropriation, il les précise. Dès lors, le

Centre se révèle être un acteur pivot du développement territorial local puisque c'est ce dernier qui, après avoir instauré une concurrence inter-territoriale, sélectionne les territoires, valide les critères des projets (soit le type d'acteurs territoriaux, les mécanismes organisationnels, la nature et la forme des projets collectifs, etc.), mais aussi débloque des financements publics pour les territoires afin de soutenir des projets de long terme (favorisant l'émergence d'effets d'entraînements dans des secteurs productifs prédéfinis) que le secteur privé ne peut initier (par manque de financements, mais aussi par manque de stabilité institutionnelle locale pouvant attirer des flux financiers extra-territoriaux). Dans ce contexte, ce sont les projets communs (englobant divers acteurs territoriaux locaux) proposés par divers acteurs territoriaux locaux, leur caractère « stratégique » et leurs retombées économiques et sociales possibles qui influencent l'État dans la sélection et le nombre des différents « clusters territoriaux d'innovation » répartis sur l'ensemble du territoire russe. Ces retombées économiques et sociales peuvent être ressenties à l'échelle locale, c'est-à-dire sur le niveau de l'emploi, la qualité de la formation des travailleurs, l'émergence de nouvelles entreprises, etc., mais aussi à l'échelle nationale, c'est-à-dire sur la dépendance du pays à certains biens d'importation, le rééquilibrage de l'appareil productif national, etc.

À l'échelle locale, selon l'appareil productif régional, c'est-à-dire selon les systèmes productifs et sectoriels locaux, et les dynamiques de gouvernance entre le Centre et les régions, il est possible de remarquer une réappropriation des décideurs publics locaux (ou des précisions d'application) de l'appropriation du concept porterien faite par le Centre en 2012 (soit ici des « clusters territoriaux d'innovation »). Dans les programmes étatiques des diverses régions, la référence au concept de « cluster territorial d'innovation » n'est pas toujours claire. En effet, si dans le cas des programmes régionaux de Novossibirsk, de Tomsk, de Kazan, d'Arkhangelsk, le terme de « cluster territorial d'innovation » mobilisé fait référence directement au terme utilisé par la « Commission étatique pour les hautes technologies et l'innovation », dans d'autres la réappropriation théorique est significative. Par exemple, le programme de l'oblast de Kalouga (décret local du 20 septembre 2013,

№488)[31] est basé sur le concept de « cluster pharmaceutique de Kalouga » où ce dernier « **bénéficie d'éléments complémentaires, localisés sur un territoire, et présente une infrastructure sectorielle scientifico-productive cohérente, comprenant cinq sous-ensembles clés [scientifico-éducatif ; innovation ; productif ; partenariat en réseau ; système d'investissement et d'accompagnement]** ». De même, dans le programme de l'oblast de Samara (décret local du 5 juin 2015, №435-P)[32], le « cluster » (axé sur les technologies médicales et pharmaceutiques) est appréhendé comme la « **réunion spontanée de personnes morales, se retrouvant liées entre elles par des relations de dépendance fonctionnelle, de proximité territoriale, et réalisant leurs activités [productives] dans la sphère des biotechnologies** ». Dans certains cas, c'est la proximité géographique qui est soulignée : le programme de l'oblast de Sverdlosk (décret local du 14 octobre 2014, №1261-РП)[33] intégrant un « cluster territorial d'innovation » (axé sur l'industrie du titane) insiste sur ce point : « à la différence de la pratique abondamment diffusée où le cluster se forme sur la base d'un modèle « entreprise – producteur final – sous-traitant fournisseur de composants », dans le cluster de l'industrie du titane de l'oblast de Sverdlosk, c'est **le modèle des maillons transitionnels de la chaîne localisés [géographiquement] « production du titane – production du produit fini » qui est à l'œuvre. Dans ce contexte, en raison de l'interaction avec une entreprise implantée dans le cluster, les entreprises qui utilisent du titane acquièrent des avantages concurrentiels significatifs, ainsi qu'une économie sur les coûts, et la possibilité d'un développement technologique** ». Dans le programme du kraï de Khabarovsk (décret local du 13 février 2015 №62-РП)[34], l'intégration d'un « cluster territorial d'innovation » est considérée comme réussie quand sont réunis une pluralité de facteurs, à savoir : « **la présence d'entreprises motrices avec une stratégie compétitive clairement définie, de mesures étatiques de soutien aux petites et moyennes entreprises, la réactivation des processus d'interaction des entreprises entre elles, mais aussi des entreprises avec les orga-**

[31] http://docs.cntd.ru/document/464901600
[32] http://docs.cntd.ru/document/434605603?block=4
[33] http://docs.cntd.ru/document/429009972
[34] http://docs.cntd.ru/document/465320953

nisations universitaires et de recherche, la création de conseils d'experts concernant la modernisation et le développement de l'innovation à l'échelle régionale, ainsi que la constitution d'institutions de développement [territorial] ». Dans le programme de l'oblast d'Oulianovsk (approuvé par les autorités locales le 19 avril 2012)[35], le « cluster territorial d'innovation » aéronautique sous-entend qu'il possède les mêmes caractéristiques qu'un « consortium » : ce dernier ayant pour but de « **renforcer la compétitivité de la production du cluster régional de l'industrie aéronautique sur la base d'un partenariat privé-public mettant au point des mécanismes efficaces d'interaction entre les organes du pouvoir, la formation universitaire, la recherche scientifique et la production** ». Dans certains cas, le « cluster territorial d'innovation » n'est pas défini dans les programmes régionaux (tels ceux de Saint-Pétersbourg, Doubna, Pouchtchino, Perm, etc.), mais les objectifs des programmes – développer des infrastructures soutenant les activités d'innovation, augmenter les synergies locales et la compétitivité des entreprises, « remonter » la filière, définir les projets scientifiques inter-acteurs et leurs mécanismes de financement, etc. – et le rôle de l'organisation coordonnatrice – devenir un médiateur central entre les différents acteurs du cluster, fournir des formations dans le management de l'innovation, organiser des conférences et forums pour attirer des investisseurs, etc. – sont clairement cités. Parfois, les programmes régionaux (tels ceux de Tomsk, Novossibirsk, etc.) cumulent plusieurs définitions de clusters, reprenant à la fois celle de la « Commission étatique pour les hautes technologies et l'innovation » (2012), celle de Porter (1998) et/ou une appropriation propre à l'outil sectoriel spécifié (tel un « cluster territorial d'innovation des technologies de l'information et de la biopharmacie »).

Mais peut-on vraiment parler de réappropriation du concept de « cluster territorial d'innovation » à l'échelle locale ? Si le terme de « cluster territorial d'innovation » apparaît bien dans les programmes régionaux, celui-ci tend à s'effacer au profit des objectifs des programmes. Ici il est possible de s'interroger sur l'utilisation du terme de « cluster territorial d'innovation » : ce dernier peut-il être considéré par les rédac-

---

[35] http://innovation.gov.ru/sites/default/files/documents/2016/5524/984.pdf ; programme abrogé en 2015 par décret local : http://cluster73.ru/program/00.pdf

teurs des programmes comme un mot « valise » où l'approche théorique s'efface au profit d'une conception « dirigiste » du développement territorial ? Dans ce cas, les programmes de développement territorial régional sont-ils des outils d'application d'une politique (conjoncturelle) de soutien ciblé pour des systèmes productifs locaux affaiblis, mais demeurant « stratégiques » ? Ou d'une politique (structurelle) de soutien ciblé pour des systèmes productifs locaux détenant des atouts organisationnels, productifs et sectoriels qui stratégiquement peuvent susciter l'émergence de territoires « moteurs » (initiant des dynamiques de polarisation territoriale) par la création et le renforcement des conditions d'émergence de dynamiques d'innovation localisées ? Le concept de « cluster territorial d'innovation » est-il assez flexible pour répondre à des territoires aussi divers (allant d'une ville fermée ou d'un outil productif territorialisé mono-industriel jusqu'à des territoires où l'intensité des flux productifs [de personnes, d'informations, de connaissances, d'investissement, etc.] est particulièrement importante comme c'est le cas de métropoles) ? La politique territoriale d'innovation russe (caractérisée par l'introduction de « clusters territoriaux d'innovation » dans une pluralité de systèmes organisationnels territoriaux) n'est-elle pas trop ambitieuse au regard des multiples formes d'organisation territoriale ? Ou alors, l'introduction de « clusters territoriaux d'innovation » dans les territoires, répondant aux priorités mises en avant par l'État russe à savoir d'accroître la cohérence de son système territorial d'innovation national, sous-estime-t-elle la complexité des systèmes organisationnels, productifs, sectoriels locaux et de leurs dynamiques territoriales (voire transitionnelles) ?

Pour répondre à ces questions, il s'agit dans un premier temps de rappeler que l'innovation et la résilience territoriales ne se décrètent pas (Aydalot, 1986). Pour susciter une pluralité de dynamiques d'innovation continues à l'échelle d'un territoire, l'anticipation, la distinction et la valorisation d'externalités productives deviennent un enjeu primordial de la gouvernance locale de l'innovation. Si l'appropriation de concepts exogènes peut contribuer à l'émergence de nouvelles dynamiques organisationnelles favorisant l'innovation des territoires – soit le renforcement dans le temps de la compétitivité des systèmes productifs locaux russes –, elle peut aussi mettre en lumière une incapacité des territoires à s'adapter aux initiatives de modernisation du gouvernement national et de fait aussi aux dynamiques de globalisation (dérégulation des marchés, accroissement des accords de libre-échange, démultiplication de crises systémiques aléatoires d'intensité variable, émergence de crises politiques entraînant des embargos et/ou sanctions commerciales, etc.). Cette incapacité à s'adapter favorise l'affaiblissement dans le temps de la performance des systèmes productifs locaux russes. Ici, il n'est pas toujours simple de distinguer les éléments qui freinent ou accélèrent les dynamiques d'appropriation des modèles conceptuels exogènes. En effet, « les politiques publiques sont le fruit de disputes entre diverses représentations de monde (basées sur des intérêts) sur des constructions sociales des « problèmes » diverses et souvent contradictoires, mais aussi des façons de les classer, de les interpréter et de les traiter » (Massardier, 1996, p.225). Dès lors, dans un second temps, il est nécessaire de s'intéresser aux dynamiques méso-économiques interterritoriales. Depuis les années 1990, c'est plus le territoire que l'État qui cristallise les problèmes publics dans les pays développés (Duran & Thoenig, 1996). En Russie, la transition économique a encouragé les territoires à devenir des systèmes territoriaux à part entière pouvant initier de nouveaux chemins de développement. Ainsi, quel que soit le territoire, les différentes caractérisations des « problèmes » par les nombreux acteurs territoriaux intervenant plus ou moins directement sur la trajectoire évolutive des territoires appellent la plupart des gouvernements nationaux à favoriser l'émergence d'une gouvernance locale dite « inclusive » (c'est-à-dire intégrant une majorité d'acteurs territoriaux dans la gouvernance locale) (Bourcier, 2007) pour renforcer la fluidité des flux organisationnels et productifs des systèmes territoriaux (et donc de leur flexibilité productive). L'appropriation d'un modèle exogène de façon hétérogène par les différents territoires en Russie met en évidence une pluralité de rapports de force qui déplace les dynamiques de gouvernance sur diverses échelles territoriales. Englobant plus ou moins fortement ces nuances relatives à la gouvernance multiscalaire du territoire, les stratégies individuelles et collectives initiées par les acteurs territoriaux locaux sont multiples et nécessitent pour l'État russe de s'affirmer moins en acteur territorial régulant les conflits inter-acteurs qu'en véritable initiateur et co-constructeur de l'action collective du développement territorial. L'État russe possède pour cela des outils organisationnels qu'il peut adapter selon la nature des projets de développement territorial recherché (cf. Encadré n°3).

Encadré n°3 : Le rôle d'un programme de développement territorial dans l'émergence d'un « cluster territorial d'innovation »

En Russie, un programme (programme-cible, programme d'État, etc.) de développement territorial (et/ou sectoriel) coordonne, dans une période de temps délimitée, une pluralité d'acteurs productifs pour la réalisation d'objectifs fixés préalablement. En effet, dans le programme (promouvant l'émergence d'un « cluster territorial d'innovation ») de l'oblast de Lipetsk[36], un « programme de développement d'un cluster » est défini comme un « complexe de mesures communes adoptées par les participants d'un cluster et visant tant le développement des participants du cluster, que celui du cluster dans son ensemble, à partir d'un travail préalable de recherches scientifiques, de constructions expérimentales et technologiques, de la réalisation d'investissements et de différentes formes de coopération » (p.11). Par contre, un « cluster territorial d'innovation » peut être appréhendé comme un système d'acteurs productifs divers localisés dans un territoire et capable de s'adapter plus rapidement aux crises systémiques dans un secteur en particulier, qui émerge à la suite d'une réorganisation des dynamiques productives et institutionnelles locales. De fait, le programme impulse et/ou accélère le processus d'émergence d'un « cluster territorial d'innovation ». Pour les acteurs territoriaux concernés par ce programme (entrepreneurs, décideurs publics, universitaires, scientifiques, etc.), l'objectif n'est pas seulement d'appliquer le programme il est aussi nécessaire de se l'approprier pour réorganiser les dynamiques productives locales. Cette réappropriation sous-entend que l'organisation du territoire est un « construit » qui n'est pas seulement le résultat d'une accumulation de programmes réalisés. En effet, l'organisation du système territorial se modifie sous l'émergence d'une série d'interactions entre les processus d'intégration, de réalisation des programmes et l'activité productive respective des acteurs territoriaux concernés. Ce qui a pour conséquence, par effet rétroactif, d'influencer plus ou moins significativement la trajectoire du ou des système(s) productif(s) local(aux).

3. Stratégies collectives et gouvernance de l'innovation

Composé d'un ou plusieurs milieux innovateurs, un territoire devient particulièrement performant dans sa capacité à s'adapter aux multiples et diverses crises systémiques (exogènes comme endogènes). Le milieu innovateur est ici appréhendé comme un « ensemble territorialisé dans lequel des interactions entre agents économiques se développent par l'apprentissage qu'ils font des transactions multilatérales génératrices d'externalités spécifiques à l'innovation et par la convergence des apprentissages vers des formes de plus en plus performantes de gestion en

[36] http://clusters.monocore.ru/file/1121/%D0%9F%D1%80%D0%BE%D0%B3%D1%80%D0%B0%D0%BC%D0%BC%D0%B0%20%D0%9B%D0%98%D0%9F%D0%95%D0%A6%D0%9A%D0%9C%D0%90%D0%A8.pdf

commun des ressources » (Maillat & al., 1993, p.6). Dans ce contexte, toute initiative (locale et nationale) accélérant la constitution et/ou le renforcement de milieux innovateurs est recherchée par les décideurs publics locaux. Ces initiatives se distinguent, se recoupent, se confondent à l'échelle de la gouvernance locale et sont souvent productrices de tensions et/ou conflits entre acteurs territoriaux (Leroux, 2006). Si des dynamiques de concurrence inter-entreprises ne sont pas à ignorer dans le milieu innovateur, les « lock-in » (blocages auto-renforçants) entre acteurs territoriaux sont particulièrement « nocifs » pour la trajectoire évolutive des systèmes d'acteurs territoriaux puisqu'ils tendent à pérenniser des situations de statu quo et fragilisent les processus d'adaptation des territoires. Pour freiner la démultiplication de « lock-in » territoriaux, il s'agit pour les décideurs publics, dans une logique d'accélération et/ou de renforcement de l'émergence de milieux innovateurs, de pouvoir apprécier l'intensité des différentes dynamiques de proximité et d'apprendre à être à l'origine de nouveaux rapprochements. Le milieu innovateur opère généralement la jonction entre trois formes de proximité (géographique, organisationnelle, cognitive) décrite dans l'approche dite « de proximité » traditionnelle (Gilly & Torre, 2000 ; Rallet & Torre, 2001 ; Boshma, 2004 ; etc.). Ces différentes formes de proximité sont observées lorsque les acteurs territoriaux se concentrent sur un même territoire (proximité géographique) et s'organisent entre eux suivant une logique organisationnelle spécifique (proximité organisationnelle) qui est le produit de normes et valeurs imprégnées par l'histoire locale participant par effets rétroactifs à la cohérence et singularité du lieu (proximité cognitive). En effet, ce qui donne en particulier à ce milieu ses prédispositions à innover ce sont les normes, les règles formelles et informelles, les valeurs collectives qui sont orientées vers la promotion de comportements créatifs des acteurs économiques (Uzunidis, 2010). La convergence qui s'opère ainsi entre proximités appelle la création d'un milieu innovateur. En cherchant à « construire » et/ou « harmoniser » les proximités au sein des territoires, les acteurs du « local » s'efforcent, par le biais de la gouvernance locale, de coordonner leurs « stratégies collectives » (Astley & Fombrun, 1983) pour renforcer les dynamiques d'apprentissage (et d'innovation) des territoires. Une stratégie collective peut se définir comme la « réponse systématique d'un ensemble d'organisations qui coopèrent dans le but d'absorber la variation présentée par l'environnement organisationnel » (Yami, 2006, p.96). D'une grande diversité à l'échelle d'un territoire, les stratégies collectives se révèlent très hétérogènes quant à leur intensité, leur orientation, leur mode opératoire ou leur nombre de participants. De fait, elles n'ont pas toutes le même impact ni les mêmes effets rétroactifs sur les dynamiques de transformation du tissu territorial.

Dans l'économie post-soviétique russe, sont apparus, avec la transition économique des années 1990, de nouveaux phénomènes d'« inégalités face à l'espace » (Caron & Torre, 2006) induisant des rapports asymétriques entre acteurs (et agents économiques) territoriaux relatifs à la proximité géographique. Dans les faits, il n'est pas possible de nier des phénomènes d'inégalités « face » à l'espace dans les économies centralement planifiées (ici l'économie soviétique), mais ces derniers s'avéraient dépendre d'une tout autre configuration : les avantages économiques et sociaux étaient octroyés par les infrastructures institutionnelles des différents systèmes sectoriels locaux ou accompagnaient des investissements étatiques massifs réalisés sur un territoire et dans une période de temps déterminée (Hirschhausen, 1996). Reprenant les trois formes de proximité, il s'agit ici de les caractériser dans le contexte territorial russe :

- Pour ce qui est de la proximité cognitive, n'étant pas toujours en inadéquation avec les différentes formes que peuvent prendre les transitions économiques (soit dans le cas russe, une transition réalisée dans un laps de temps relativement court, sans « consolidation » institutionnelle et de manière exogène à la majorité des acteurs territoriaux concernés), elle favorise cependant en Russie une « sur-proximité » (voire dialectiquement révèle une « sous-proximité ») des agents économiques en quête d'informations et connaissances pour s'adapter au changement systémique. Dans les années 1990, rien ne permettait d'être sûr qu'un État omniprésent dans le tissu économique national ne pouvait réapparaître. Dans un environnement institutionnel relativement instable, les agents économiques donnent un rôle important à l'information et la connaissance véhiculées par les réseaux. En effet, le réseau appréhendé comme une « forme d'organisation qui n'est ni l'intégration au sein d'une hiérarchie propre à une entreprise, ni le libre recours au marché pour la mise en œuvre d'une activité donnée » (Douard & Heitz, 2003, p.24) dispose d'une certaine souplesse organisationnelle pour distinguer, sélectionner, transmettre des informations et connaissances entre individus qui relaye le retrait massif de l'État dans le système économique en transition. Cela ne signifie pas que l'ensemble des informations véhiculées par les réseaux est vérifié, cela indique que les agents économiques préfèrent cette source d'information (ici le réseau) plutôt que celles générées par les mécanismes hiérarchiques ou de marché à l'œuvre. Ce « réflexe » à mobiliser un réseau s'est traduit dans les années 1990 par l'émergence de mécanismes de troc (Jordan, 1998 ; Benaroya, 2006) soutenus par des réseaux embryonnaires ou hérités du système économique soviétique.

- Concernant la proximité organisationnelle, la transition économique a déstructuré les dynamiques organisationnelles pré-transitionnelles (soit du système économique soviétique). Une pluralité de nouvelles dynamiques de proximité organisationnelle ont alors émergé : parfois inspirées des pratiques du passé (organisation du travail, organisation scientifique, etc.), parfois tout à fait nouvelles (paiement des salariés en produits de l'entreprise par manque de liquidités, possibilités d'importer et d'exporter sans lourdes contraintes juridiques de la part de l'État, etc.), ces dynamiques de proximité organisationnelle ont eu pour conséquence d'augmenter conjointement la flexibilité des mécanismes d'échanges intra territoriaux. Bien que complexifiant la coordination entre agents économiques, cet accroissement de la flexibilité ne s'est cependant pas accompagné d'une complexification des processus productifs. En effet, la démultiplication des stratégies de court terme post-transitionnelle des acteurs territoriaux a contribué, en fonction des accords contractuels menés, à décomplexifier (ou appauvrir) la filière et/ou à changer (ou simplifier) les normes du processus de production.
- Enfin, pour ce qui est de la proximité géographique, les acteurs locaux l'ont en quelque sorte, pour reprendre l'expression de Torre (2009), « subie » avec la transition économique : en effet, lors de celle-ci, les activités sectorielles et productives se sont imposées de façon aléatoire aux agents économiques territoriaux, c'est-à-dire en fonction de leur localisation géographique,

mais aussi de leur position hiérarchique dans l'appareil productif soviétique au moment du changement systémique. Même si la transition économique et l'émergence d'opportunités entrepreneuriales, de travail, etc. ont encouragé de nombreux agents économiques à se regrouper autour de grands pôles urbains (ici possédant des capacités de résilience plus développées), ce sont les diverses informations véhiculées par les réseaux des agents économiques (relatives aux dynamiques de proximité cognitive post-transitionnelles) qui ont accéléré les dynamiques de polarisation territoriale.

Les territoires des économies post-soviétiques sont appelés à développer des initiatives locales de développement territorial pour s'adapter aux crises systémiques (Maurel, 2005). Cependant, la déstructuration des dynamiques organisationnelles de ces territoires par la transition économique des années 1990 a favorisé la perception, chez une grande partie des agents économiques, d'une instabilité institutionnelle territoriale chronique. En effet, l'information véhiculée par les réseaux des agents économiques n'est pas toujours mobilisable (soit parce que du fait de sa complexité, les individus peinent à concrétiser leurs actions individuelles et collectives ou simplement que l'information ne s'avère pas vérifiable). En l'absence de politiques étatiques de stabilisation des dynamiques institutionnelles (politiques structurelles) pouvant freiner la sur-proximité cognitive des agents économiques, la perception d'instabilité institutionnelle a tendance à perdurer dans le temps (Mateju, 1999) : les agents économiques ne cherchent pas ou plus à formuler collectivement de nouvelles dynamiques productives sans avoir des garanties que toute tentative de birfucation (institutionnelle) territoriale ne soit pas vaine (ou ne profite qu'à une minorité). La reconnaissance de garanties institutionnelles par une majorité des acteurs territoriaux locaux nécessite un laps de temps relativement long et ne suffit pas toujours pour favoriser de nouvelles dynamiques territoriales (organisationnelles, institutionnelles, cognitives, etc.) (Kornai, 2001 ; Yefimov, 2003 ; Maurel, 2005). Pour « harmoniser » les proximités à l'œuvre dans les territoires russes afin de générer des dynamiques institutionnelles favorisant l'émergence de milieux innovateurs, il s'agit pour les décideurs publics russes d'encourager un processus de démultiplication des stratégies collectives. En effet, « des événements exogènes peuvent favoriser l'émergence de pratiques collectives innovantes et de nouvelles règles, mais pour qu'une nouvelle institution soit consolidée et acceptée par le plus grand nombre, ces événements doivent être « instrumentalisés » par des stratégies collectives » (Rizopoulos & Kichou, 2001, p.150-151). Mais, il est nécessaire aussi que les différentes stratégies collectives à l'œuvre dans un territoire favorisent la constitution d'une architecture institutionnelle « ouverte » sur l'extérieur : cette configuration peut être renforcée par l'émergence d'une gouvernance inclusive où les flux d'informations et de connaissances exogènes sont captés et valorisés par le biais de mécanismes territoriaux spécifiques au lieu. Dans ce contexte, plus qu'une distinction intra et extra territoriale (Leloup & al., 2005), il est possible de distinguer deux échelles d'interaction du territoire avec son environnement : l'une « local » / « international », où les flux d'informations et de connaissances sont véhiculés par divers flux (productifs, scientifiques, sociaux, etc.) et l'autre « local » / « national » (ou « local » / « local » dans une perspective nationale), où les flux en plus d'être productifs sont aussi organisationnels (influençant l'organisation territoriale locale, son cadre légal et juridique, etc.).

Dans un contexte de mondialisation accrue, c'est l'insertion sur le marché international (échelle local / international) qui est recherché (et privilégié) par les entreprises russes (et par extension par les systèmes productifs locaux) pour limiter l'impact des crises systémiques du système institutionnel local. Mais pour ce faire, les entreprises doivent pouvoir aussi limiter les effets de l'instabilité institutionnelle locale sur la conception de leurs biens et services produits (mobilisant divers acteurs d'un système productif local). De fait, l'insertion sur le marché international d'une entreprise ne résulte pas seulement des stratégies individuelles de l'entreprise, il est aussi étroitement lié aux dynamiques institutionnelles des territoires. C'est particulièrement significatif dans un pays comme la Russie où les dynamiques d'instabilité institutionnelle sont multiples (ou sont perçues comme telles). Dans ce contexte, cibler le marché intérieur (échelle local / national) n'est souvent pas moins difficile puisque c'est la performance du système institutionnel local dont il est question. En Russie, la politique des « clusters territoriaux d'innovation » initiée à l'échelle nationale a pour objectif de stimuler, d'accélérer, renforcer l'émergence à l'échelle locale de milieux innovateurs pour accroître la performance des systèmes productifs locaux (et de même réduire la dépendance aux biens et services complexes étrangers), mais aussi décupler les initiatives à l'export (et contribuer à rééquilibrer le système productif national, orienté essentiellement vers l'exportation des ressources naturelles). Cette stratégie d'implanter des « clusters territoriaux d'innovation » provient d'un Centre organisationnel qui possède, dans une approche systémique, un pouvoir de réorganisation des dynamiques territoriales relativement significatif à l'échelle des systèmes territoriaux locaux. C'est d'ailleurs relativement visible dans les économies post-soviétiques où l'ancien Centre du système administré continue d'être perçu par les autorités locales (mais aussi l'ensemble des acteurs territoriaux) comme une institution publique ayant un rôle décisif dans le développement territorial (sauf pendant la transition économique (1991-1993) où l'activité étatique fut réduite à son niveau minimum, entraînant une perte des repères institutionnels (ou « représentations », « référentiels », voire « croyances », Boyer, 2003 ; ou « référentiels sociaux », Radvanyi, 2011) des agents économiques, quelles que soient leurs places dans le système d'acteurs territorialisé). Souvent représenté par une administration étatique centrale (un ministère, un gouvernement, etc.) ou une agglomération urbaine (une capitale économique et/ou politique), ce Centre ne peut être conceptualisé sans être relié à une pluralité de sous-systèmes territoriaux (généralement les régions) (Saunier, 2000). Appelés à bénéficier des dynamiques de réorganisation locale impulsée par le Centre, les territoires des économies post-soviétiques s'intègrent au marché mondial par leurs capacités à révéler leurs spécificités productives (atouts hérités de la période soviétique, flexibilité de l'outil productif territorialisé, constitution de milieux innovateurs, etc.) en postulant que la relation Centre-régions n'est plus à l'origine d'une impulsion (de développement territorial) unilatérale (top-down), mais d'une multitude d'impulsions multilatérales où le Centre ne possède plus qu'un rôle de soutien financier, organisationnel, juridique, etc. pour les systèmes territoriaux d'innovation régionaux.

Étroitement liée au modèle fordiste de l'entreprise, l'impulsion donnée par le Centre pour soutenir le développement territorial sous-entendait jusque dans les années 1970 (voire jusqu'à la fin des années 1980 pour les économies post-soviétiques) que le territoire présentait les caractéristiques d'une organisation régionale dite relativement « passive » (Guesnier & Lemaignan, 2004 ; Zimmermann, 2008). Avec l'idée que le territoire formule un « construit » (François & al., 2006) qui révèle l'importance des multiples et diverses interactions locales (effets d'agglomération, externalités productives, etc.), mais aussi des effets rétroactifs multiscalaires sur l'organisation et la délimitation des frontières des systèmes territoriaux d'innovation (Leloup & al., 2005), la trajectoire des entreprises locales (et des systèmes productifs locaux) n'est plus déterminée uniquement de manière exogène (Bel, 2009). Cependant, il faut encore que le territoire soit appréhendé comme un « construit » collectif par les décideurs publics pour que les stratégies collectives initiées par les divers acteurs locaux trouvent un appui institutionnel étatique (ou au minimum ne trouvent pas en l'activité étatique un frein à leur action collective). En sous-estimant le poids des interactions inter-acteurs locales dans la trajectoire territoriale (soit dans le cas de la Russie, l'excès ou l'absence des certaines formes de proximité territoriale), le risque est d'intégrer des modèles organisationnels dont les enjeux et caractéristiques ne sont pas toujours identifiables par une majorité d'acteurs locaux. En effet, dans un milieu institutionnel soumis à de fortes dynamiques d'instabilité, les acteurs locaux cherchent avant tout des outils et repères institutionnels pour anticiper les crises systémiques auxquelles ils peuvent être confrontés. Pour s'approprier un modèle exogène dans un contexte institutionnel fragile (où la cohésion des proximités territoriales est déficitaire), il est nécessaire que le modèle conceptuel choisi appelle la création de nouveaux canaux de communication sur différentes échelles territoriales, mais aussi entre divers acteurs locaux. Ces canaux de communication ne sont pas toujours faciles à discerner puisque « communication politique » (relevant d'un système d'acteurs politiques) et « communication publique » (relevant d'un système d'acteurs institutionnels) sont étroitement entremêlées (Miège, 1989). En privilégiant une gouvernance territoriale dite « inclusive », il est cependant possible d'impulser la (re)création de nouveaux canaux de communication (et de diffusion) pour influencer l'orientation et la multiplicité des stratégies collectives des acteurs locaux. Une fois ces canaux de communication et repères institutionnels fixés collectivement, les décideurs publics locaux sont appelés soit à renforcer la cohésion, soit à réduire l'asymétrie des proximités territoriales évoluant aléatoirement sous l'influence des diverses stratégies collectives des acteurs d'un territoire.

Producteur de normes, de cadres légaux, etc., et détenant d'importantes capacités financières, le Centre peut traditionnellement à la fois soutenir et freiner le développement local : le soutenir en ciblant les investissements, en introduisant un nouveau modèle organisationnel appropriable par les acteurs locaux, et/ou dérégulant volontairement le cadre légal sur un espace géographique délimité ou pour une filière industrielle en particulier ; le freiner en diminuant les investissements publics ciblés localement, en introduisant un nouveau modèle organisationnel en inadéquation avec les capacités d'appropriation des acteurs locaux, et/ou uniformisant le cadre légal sur cet espace géographique ou cette filière industrielle. Cependant, il serait hâtif d'observer dans la relation Centre-régions un pouvoir unilatéral du Centre sur les régions. En effet, comme le remarque Grémion (1976) dans son analyse sur des systèmes organisationnels (territorialisés) centralisés, les autorités locales détiennent un « pouvoir de la périphérie vis-à-vis du Centre » (p.184) non négligeable. En effet, les relations Centre-régions résultent d'un système organisationnel complexe où les effets de la centralisation sont relayés à l'échelle locale : « la centralisation n'est pas seulement un phénomène d'organisation, mais un phénomène de représentation » (Ibid, p.310). En introduisant un facteur de « représentation », Grémion (1976) souligne l'importance des repères institutionnels pour les acteurs locaux (autant ceux qui appliquent les initiatives du Centre que ceux qui sont directement concernés). La formation de ces repères institutionnels peut être érodée par les externalités des tensions entre le Centre et les régions. En effet, « toute la stratégie du fonctionnaire territorial [...] consiste à fixer des possibilités d'arbitrage à son niveau et à clore la relation entre son unité bureaucratique et l'environnement local. Le centre n'ignore rien des mécanismes globaux qui président à ces échanges. Mais il ne peut pas intervenir. L'incapacité du centre à trancher les liens de micro-féodalités [...] forment autant de kystes à la périphérie de l'État » (Ibid, p.250). Ces dynamiques micro-féodales sont en Russie particulièrement décriées (dans les discours officiels comme dans les analyses et journaux nationaux et locaux) autant par les décideurs publics du Centre que par ceux des régions (Raviot, 2003). Mais paradoxalement, c'est aussi l'émergence de liens de micro-féodalités qui caractérise le système Centre-régions : « Face aux exigences centrales, les élites locales doivent trouver des modes d'adaptation fondés sur la manipulation de l'appareil administratif [...] à travers l'action permanente d'adaptation, d'assouplissement et d'ajustement, le représentant local devient lui-même un rouage essentiel de l'État : produit de la centralisation », il « devient peu à peu le garant de son maintien » (Grémion, 1976, p.263). Dans ce contexte, le système Centre-régions est « une structure politique qui informe le système social, non une dimension sociale qui détermine un régime politique. Les régimes passent, le lien social évolue, mais le mode de gouvernement (accès à l'État, personnalisation du lien avec l'État, défense de la communauté, autoritarisme paternel) demeure » (Ibid, p.263). En Russie, la transition économique des années 1990 a été impulsée et guidée par le Centre, ne tenant pas compte des dynamiques de transformation sociale (sous-estimant les dynamiques de « dépendance du sentier » des agents économiques ou dialectiquement surestimant leurs capacités à s'adapter aux nouvelles dynamiques institutionnelles). Autrement dit, les systèmes sociaux locaux russes, englobant autant les décideurs locaux que le citoyen russe lambda, ont été informés de la nature et de la forme de la transition par les décideurs publics moscovites et contraints de s'adapter (Mendras, 2001). Si la transition institutionnelle opéra l'introduction d'un certain degré de flexibilité organisationnelle dans les territoires, ces derniers ne disposaient pas tous des mêmes ressources productives et organisationnelles – car détenant originellement divers outils productifs territorialisés – pour permettre à leurs entreprises locales d'intégrer le marché international. Dans ce contexte, nombreux ont été les appels des décideurs publics locaux (des régions peu compétitives) dès la fin de la transition institutionnelle (1991-1993) à suggérer la réinstauration d'une dynamique centralisatrice pour fixer de nouveaux repères institutionnels et réorganiser le développement territorial local (par le biais d'un financement accru du Centre). En ce sens, la volonté de réintégrer une « verticalité du pouvoir » – soit un renforcement du système Centre-régions ou selon l'expression de Gelman (2007, p.108) un « nouveau centralisme » – par le président Vladimir Poutine dans les années 2000, n'a pas été appréhendée comme un « retour en arrière » par l'ensemble des acteurs territoriaux des divers systèmes productifs locaux russes, mais comme nécessaire (voire parfois indispensable) pour limiter la démultiplication croissante des diverses crises systémiques post-transitionnelles.

Comme tout système, un système Centre-régions est amené à évoluer sous la pression des interactions avec son environnement. Postulant que les dynamiques de globalisation peuvent contraindre les acteurs d'un système Centre-régions à redessiner l'organisation inter-territoriale (Gagnon & Palard, 2005), il s'agit ici de recontextualiser le système Centre-régions russe dans une démarche évolutionniste. Pour à la fois appliquer les initiatives du Centre et augmenter la performance des systèmes productifs locaux, les autorités locales sont à l'origine de stratégies collectives (Astley & Fombrun, 1983) qui englobent divers acteurs territoriaux clés (organisations, entreprises importantes par leur taille ou leur caractère « stratégique », universités, etc.) et ont pour objectifs de répondre aux diverses dynamiques territoriales (top down, bottom up, voire ici Centre-régions, régions-Centre). Gallego-Bono & Lamanthe (2008) distinguent les « stratégies réactives » des « stratégies pro-actives » des acteurs territoriaux (p.111). Les premières sont la réponse non coordonnée des acteurs territoriaux locaux aux transformations territoriales alors que les secondes sont des stratégies collectives englobant autant les acteurs des régions que du Centre participant conjointement à la réorganisation des dynamiques territoriales pouvant forger de nouvelles compétences et nouvelles ressources territorialisées. Se révélant à l'intersection du système Centre-régions et du système social territorialisé, les autorités locales exercent leur « pouvoir de périphérie » (Grémion, 1976) tant qu'elles le peuvent et soutiennent (financièrement, organisationnellement, juridiquement, etc.) les acteurs territoriaux confrontés à l'émergence continue d'une pluralité de « lock-in » territoriaux. Participant à différentes stratégies collectives territoriales (locales, mais aussi à l'échelle du système Centre-régions), les autorités locales demeurent au « carrefour » des dynamiques de résilience territoriale (Daucé, 2004). En ce sens, elles opèrent un rôle clé à la fois dans l'adaptation et l'appropriation des acteurs locaux aux/des modèles de développement territorial exogènes. Pierre angulaire du développement territorial en Russie, les autorités locales orientent, encouragent et parfois coordonnent les diverses stratégies collectives des acteurs territoriaux à la fois du Centre et du local (mais aussi menées par des acteurs hybrides provenant à la fois du Centre et des régions).

Par l'introduction d'un « cluster territorial d'innovation » dans les dynamiques organisationnelles locales russes, le Centre fait plus que participer au développement territorial, il oriente, incite et accélère les dynamiques d'émergence des stratégies collectives des acteurs territoriaux. Cela lui permet à la fois de soutenir la diversification des flux de connaissances nécessaires à l'émergence de milieux innovateurs et de renforcer sa place dans le système Centre-régions. Pour faire face autant aux injonctions du Centre qu'à la démultiplication potentielle de stratégies collectives contre-productives, les autorités locales peuvent favoriser l'émergence d'une gouvernance locale « inclusive » (Bourcier, 2007). En effet, une gouvernance dite « inclusive » appelle l'ensemble des acteurs territoriaux à interagir dans des cadres fixés par les enjeux de développement territorial (ici la constitution d'un « cluster territorial d'innovation »), mais aussi dans les économies post-soviétiques, à forger mutuellement des repères institutionnels capables de (re)structurer les circuits socio-économiques. Cependant, toutes les stratégies collectives des acteurs territoriaux ne sont pas à l'origine d'un engouement pour un développement territorial dit « orienté ». En effet, si, dans un premier temps, l'intégration d'un modèle exogène (promu par les autorités locales) peut créer de nouvelles interactions entre acteurs territoriaux (réorganisation des flux productifs, nouveaux partenariats inter-acteurs, nouvelles possibilités d'investissement, etc.), dans un second temps, des difficultés d'appropriation (complexification des flux productifs, résurgence d'asymétries des proximités territoriales, apparition de tensions inter-acteurs, etc.), peuvent émerger et renforcer les dynamiques de « lock-in » territoriaux. Pour prévenir ces effets de « lock-in » post-introduction du modèle exogène, les autorités locales russes peuvent directement adapter le modèle organisationnel exogène aux dynamiques locales (par le biais des processus de rédaction des programmes étatiques) afin d'initier une mise en compatibilité des initiatives moscovites et locales.

Cette mise en compatibilité est souvent difficile puisque l'ensemble des acteurs ne dispose pas des mêmes informations ou des mêmes connaissances (mais aussi des mêmes réseaux) pour appréhender les différentes informations diffusées par les acteurs-clés de la gouvernance territoriale (Massardier, 1996). Si les jeux de gouvernance s'éparpillent sur plusieurs niveaux (à l'échelle des politiques publiques nationales, régionales, mais aussi de développement territorial, de soutien sectoriel ciblé, etc.) (Bache & Flinders, 2004 ; Torre, 2011) et font souvent état de « relations de dépendance fonctionnelle » (Leroux, 2006, p.86) ou d'« interdépendances cachées » (Grémion, 1976, p.246), plusieurs systèmes de gouvernance sur un même niveau peuvent se concurrencer. En effet, si certains acteurs peuvent jouer un rôle clé dans la structuration de la gouvernance locale (les organisations étatiques, les grandes entreprises, les associations d'entreprises, etc.), les autres acteurs territoriaux, moins influents sur la trajectoire territoriale à un moment précis dans le temps (petites entreprises, organisations spécifiques, etc.) jouent aussi un rôle important en matière de « relais » des projets de développement territorial initiés par les acteurs clés de la gouvernance. En cas de désaccord explicite (phénomène de « lock-in » territorial), les acteurs les moins influents sur la trajectoire territoriale peuvent favoriser l'émergence de dispositifs de gouvernance alternatifs et influer la trajectoire territoriale de façon significative à un certain moment. Ces dispositifs fragmentent la gouvernance territoriale à l'échelle locale tout en démultipliant et diversifiant les dynamiques d'apprentissage localisées (favorisées par la constitution et le renforcement de nouveaux repères institutionnels). En ce sens, la gouvernance locale englobe aussi des « dispositifs nouveaux que les acteurs peuvent inventer en cas de crise, d'urgence ou de défaillance des procédures traditionnelles » (Bourcier, 2007, p.151). Dès lors, tout l'enjeu des décideurs publics n'est pas de constituer une « bonne » gouvernance (« the good governance »), mais de constituer des mécanismes évolutifs d'adaptation mobilisables par une majorité d'acteurs territoriaux pour s'approprier les modèles organisationnels exogènes (du Centre) afin de ne pas « subir » les crises systémiques (générées autant par les dynamiques territoriales « local » / « national » que « local » / « global »).

De manière concrète, la gouvernance territoriale répond, selon Torre & Beuret (2012), à plusieurs objectifs : « contribuer à l'élaboration ou favoriser la mise en œuvre des projets de développement territorial, faciliter la coordination entre les acteurs hétérogènes au sein des territoires, éviter que certains acteurs ne quittent le territoire (processus de désertification ou d'abandon), éviter des affrontements bloquants, décider des chemins de développement » (p.23). Dans le contexte russe, si le « cluster territorial d'innovation » peut être appréhendé comme le projet de développement territorial, son élaboration et sa mise en œuvre reposent essentiellement sur les capacités des autorités locales à jouer leur rôle d'« articulation » (soit de coordination entre acteurs hétérogènes) entre le système Centre-régions et le système socio-territorial régional. Les processus de désertification ne sont pas en Russie à envisager d'un point de vue physique, il s'agit bien souvent d'un risque de perte de confiance totale des agents économiques dans le système institutionnel local (accélérant l'émergence de phénomènes de « boycott entreprenarial », Gundolf & al., 2006). Cette perte de confiance se traduit par un regain de légitimité de l'économie souterraine (Kossals & Ryvkina, 2003) soutenue par l'émergence de multiples réseaux (Crétiéneau, 2007) qui freinent, voire suppriment les interactions (et relations) entre acteurs territoriaux (entreprises, organisations, administrations publiques, etc.) et augmentent celles entre agents économiques (individus, groupe d'individus, etc.). Les processus d'affrontements bloquants demeurent rares en Russie du fait du pouvoir périphérique important des autorités locales sur le Centre ainsi que de leur capacité à se justifier auprès des acteurs locaux comme n'ayant qu'une marge de manœuvre réduite (due à une dynamique de centralisation excessive). Quant aux chemins de développement, leurs décisions résultent en Russie dans les dynamiques d'appropriation des initiatives du Centre par les acteurs de la gouvernance locale (allant de l'application stricte du modèle organisationnel exogène à son appropriation excessive pouvant dans les deux cas entraîner des effets contraires à ceux attendus).

> « *L'Amérique rencontrera la Sibérie. Herzen en rêvait déjà il y a cent ans. Et voilà que cette rencontre, nous l'organisons, nous, les bolcheviks* »
>
> (Valerian Kouïbychev, 1929[37])

> « *Les relations ethniques en Sibérie ne jouent absolument aucun rôle, c'est-à-dire qu'en Sibérie, c'est comme aux États-Unis, tous sont égaux. Ici, il n'y a aucune distinction ethnique* »
>
> (Propos recueillis auprès d'un fonctionnaire à Novossibirsk, 2015)

II] Les territoires de Sibérie occidentale : l'étude d'une politique territoriale d'innovation

1. Aux origines de l'industrialisation de la Sibérie occidentale

La Sibérie russe englobe théoriquement la Sibérie occidentale, le plateau de Sibérie centrale et la Sibérie orientale. La Sibérie occidentale s'étend de l'Oural au plateau central de Sibérie, soit jusqu'au fleuve Ienisseï et couvre une superficie de plus de 2,4 millions de m². Entre le fleuve Ienisseï et le fleuve Léna est situé le plateau de Sibérie comptant plus de 4,1 millions de m². Enfin, après le fleuve Léna jusqu'à l'océan pacifique Nord, sur plus de 6 millions de m², se trouve la Sibérie orientale (soit l'Extrême-Orient russe). Dès le XVIIIe siècle, l'État tsariste russe (dirigé par Pierre le Grand) initie des projets d'extraction d'argent, d'or et de zinc dans un premier temps sur le plateau de Sibérie (dans la région de Nertschinsk en Transbaïkalie) puis des projets d'extraction de cuivre, de fer, d'étain et de plomb en Sibérie occidentale (dans le bassin du Kouznetz et la région de l'Altaï). Ce développement industriel axé

---

[37] In : Depretto J-P, 2000, Un grand chantier du premier plan quinquennal soviétique : Kuznetskstroï, *Genèses*, Vol.2, n°39, p.7.

sur l'extraction de ressources naturelles se poursuivra sous l'impulsion de l'État jusqu'à aujourd'hui. En Sibérie occidentale, le « réservoir » de ressources naturelles tend à devenir de plus en plus conséquent au fil des siècles, suite aux avancées dans les méthodes d'étude et les connaissances géologiques ainsi qu'aux nouvelles possibilités de valorisation de ces ressources dans des systèmes industriels en pleine mutation (industrie manufacturière en particulier). Riche d'un sol (bois résineux, gravier sablonneux, argile, tourbe, eau minérale, etc.) comme d'un sous-sol (minerai de fer, charbon, pétrole, gaz, or, argent, zinc, aluminium, manganèse, cuivre, titane, nickel, cobalt, zircon, ilménite, etc.), la Sibérie occidentale possède des quantités significatives ainsi qu'une diversité de ressources lui offrant d'importants atouts productifs pour son développement. Mais la localisation d'un réservoir de ressources naturelles dans une économie tsariste considérée comme moins fluide (par le faible développement des axes de communication) et ne disposant pas des mêmes institutions de marché que celles des pays de l'Europe de l'Ouest (le système bancaire russe émerge seulement dans les années 1860) (Pipes, 1974) ne suffit pas à renforcer le système industriel national. Il faut, en effet, pouvoir lui rattacher des systèmes scientifique et financier avec lesquels les interactions seront multiples et continues. Dans ce contexte, l'arrivée des Soviétiques au pouvoir en 1917 promouvant un nouveau modèle de développement productif (priorité à l'industrie lourde, mise en place de plans quinquennaux, implantation des organisations productives au plus proche des lieux d'extraction, etc.) aura pour conséquence de réorganiser et moderniser les infrastructures productives et de recherche du pays (Kornai, 1992). En 1930, le XVIe Congrès du Parti communiste lance la formation d'un pôle industriel sidérurgique dans le bassin du Kouznetz qui acquiert progressivement les différentes étapes de la filière (extraction minière [houille, fer], transformation [production de coke, de fonte et d'acier], processus de laminage, etc.) (Depretto, 1997). Cependant, bien que l'orientation sectorielle et productive de la Sibérie occidentale choisie par le Parti donne à l'URSS un second pôle sidérurgique (après celui du bassin du Donbass en Ukraine), ce sont les programmes économiques soviétiques d'après-guerre qui vont véritablement accélérer et diversifier le développement industriel de la région.

L'invasion du territoire soviétique par la Wehrmacht lors de la Seconde Guerre mondiale commence en Russie en 1941 et contraint les Soviétiques à réagir. Ainsi, au troisième jour de la guerre (le 24 juin 1941), le premier secrétaire du Parti, Joseph Staline décrète un démontage immédiat des « forces » productives soviétiques (c'est-à-dire une relocalisation (par voie ferroviaire principalement, mais aussi par voie nautique) à l'Est, au-delà de la Volga, dans l'Oural, en Sibérie et en Asie centrale de l'ensemble des infrastructures du système productif soviétique : administrations du Parti, organisations productives[38] [avec leurs ingénieurs, leurs ouvriers qualifiés, les familles les accompagnant, etc.], mais aussi hôpitaux, écoles, théâtres, musées, etc.) (Sorlin, 1963 ; Smirnov, 1991 ; Potemkine, 2002 ; Werth, 2004 ; Kumanev, 2006 ; Minaev & al., 2013). Ce processus de délocalisation-relocalisation dans les 4 premiers mois a pour conséquence de déplacer plus de 1360 organisations productives dont 455 dans l'Oural, 210 en Sibérie occidentale et 250 au Kazakhstan et en Asie centrale (Simonov, 1996, p.140). À la fin de l'année 1942, près de 2600 organisations productives avaient été évacuées (Werth, 2004, p.206). Parallèlement à la relocalisation de l'outil productif régional, diverses ressources productives firent l'objet aussi d'une évacuation massive. Par exemple, la Biélorussie soviétique a déplacé vers l'Est pendant l'été 1941 du matériel industriel technologique (16,5 mille unités), des métaux non ferrugineux (850 tonnes), des câbles d'alimentation (44 km), etc., mais aussi des denrées alimentaires (44 765 tonnes de blé, 600 000 têtes de bétail, etc.) (Minaev & al., 2013, p.131). Cependant, une stratégie de repli des « forces » productives nécessite une réorganisation du système productif national pour anticiper les goulots d'étranglement (relatifs à l'allocation des ressources). Dans ce contexte, une « Commission de l'Académie des sciences pour la mobilisation des ressources naturelles de l'Oural pour les besoins de la Défense nationale » fut créée en 1941 (rebaptisée en 1942 « Commission

[38] En conceptualisant l'infrastructure soviétique produisant des biens et services comme une « organisation productive », l'objectif est de se rapprocher au plus près du concept de la théorie économique soviétique. En effet, à la différence d'une entreprise dans une économie de marché qui peut choisir ses fournisseurs et adapte son outil de production en fonction de sa demande, l'organisation productive dans une économie centralement planifiée est avant tout un « nœud » de réseaux productifs, technologiques, de distribution et de consommation de ressources intégré à un système productif global centralisé (les fournisseurs et acheteurs étant déterminés par les organes de planification) (Yefimov, 1997).

de l'Académie des sciences pour la mobilisation des ressources naturelles de l'Oural, la Sibérie occidentale et le Kazakhstan pour les besoins de la Défense nationale).

Ainsi, l'ensemble du système productif global est rapidement déséquilibré pour répondre aux besoins du front (armement, outils de communication, produits alimentaires, etc.) : près de 600 organisations productives du secteur civil reçoivent l'ordre du Parti, en 1941, de réorienter leur production vers le secteur de la défense (Simonov, 1996, p.138). Cette réorientation contraint de nombreuses organisations productives à transformer leur outil productif. Par exemple, de nombreuses industries produisant du matériel agraire adaptent leurs lignes de production pour la fabrication massive de chars d'assaut[39]. Mais, la réorganisation du système productif national n'est pas suffisante pour renverser le cours de la guerre : il est nécessaire aussi d'augmenter les coefficients de productivité. D'abord en accroissant le capital productif pour répondre à la croissance des objectifs planifiés. C'est dans ce contexte, que de nouveaux sites miniers sont recensés et exploités en Sibérie occidentale (mais aussi dans l'Oural et au Kazakhstan) au milieu de la guerre et que l'ouverture de nouvelles organisations productives de transformation (de ressources naturelles) est décidée. Puis en dessinant de nouveaux axes de communication entre les différents territoires non occupés. Ainsi, le bassin houiller de la Petchora est relié par voie ferroviaire (ligne Vorkouta-Kotlas) en 1941 aux principaux réseaux de flux productifs du pays. Enfin, en multipliant les interactions entre les systèmes scientifique et productif nationaux. De nombreuses commissions spéciales locales sont créées pour coordonner le travail des chercheurs réunis en conseils scientifiques et celui des responsables de l'appareil productif local. Ces commissions spéciales ont pour objectif d'introduire de nouvelles dynamiques productives dans les systèmes productifs locaux centralement planifiés (Fominikh & al., 2015). Ainsi, à Tomsk, de nouveaux médicaments à base de plantes locales (jusquiame,

---

[39] Cet héritage organisationnel et sectoriel se retrouvera dans la restructuration des branches industrielles d'après-guerre. En 1948, les organes de planification décrétèrent de réunir le ministère des constructions mécaniques du secteur agro-alimentaire avec celui du secteur de l'armement afin de profiter des externalités productives liées à l'accumulation des connaissances obtenues par le croisement « forcé » [par le contexte de guerre] de ces deux branches industrielles (Simonov, 1996, p.280).

viorne, pimprenelle, etc.) sous l'impulsion du biologiste Victor Reverdatto et des ingénieurs de l'usine chimicopharmaceutique de Tomsk furent testés et validés (soit des procédés d'extraction de glusocides et d'alcaloïdes contribuant à produire des substituts, jusque-là importés, dans l'élaboration de médicaments destinés aux blessés de la guerre) (Nekrylov & al., 2014). De plus, certains travaux théoriques des années 1930 (tels les travaux de Kapitsa et de Landau dans la physique des basses températures ou ceux de Landsberg en spectrométrie) ont pu être valorisés dans une pluralité de domaines (armement, médecine, aéronautique, etc.) (Juravlev & al., 2014).

Selon la théorie marxiste-léniniste des années 1920-30, toute localisation d'une organisation productive est à mettre en parallèle avec les intérêts stratégiques du pays (c'est-à-dire les besoins militaires, la priorité à l'industrie lourde, la politique d'autarcie, etc.) et son raccordement aux réseaux productifs et sectoriels décidés par les organes de planification et différents ministères (Kornai, 1992). Pendant la guerre, cette logique persiste. Ainsi, il est possible d'observer, dans le processus de délocalisation-relocalisation des « forces productives », un éparpillement stratégique des organisations productives pour éviter l'émergence de goulots d'étranglement dans le système productif national en cas d'avancées ou de bombardements ciblés de la Werhmart. Mais, il est aussi possible de constater que certaines organisations productives sont relocalisées vers des territoires dont les dynamiques sectorielles sont similaires. Par exemple, l'Institut de recherche aéronautique Tchaplyguine de Sibérie, créé en 1941 sur la base de l'évacuation de l'Institut central d'aérohydrodynamique de Moscou (Tsagi) fut implanté dans l'agglomération de Novossibirsk à proximité de l'usine (Novosibirsk aviazavod n°153) produisant (depuis 1936) l'avion de chasse Polikarpov I-16 Ishak. De même, une grande partie de l'Institut pansoviétique de médecine expérimentale (VIEM Gorki) de Leningrad (transféré à Moscou en 1934) fut déplacé à Tomsk, ville possédant des infrastructures diverses relatives à la médecine datant de la période tsariste de la fin XIXe – début XXe comme l'Université d'État de Sibérie de médecine (SGMU), l'Institut bactériologique (Ivan et Zinaïda Tchourine) ou l'usine chimico-pharmaceutique (Tomskkhimfarm zavod). Par l'application des principes de la théorie marxiste-léniniste dans un contexte de guerre, les systèmes territoriaux soviétiques se diversifient – c'est-à-dire acquièrent de nouveaux savoir-faire et nouvelles connaissances par le biais de l'éparpillement des organisations productives – et renforcent leur performance dans un laps de temps relativement court en profitant des externalités productives d'un rapprochement géographique d'organisations productives de secteurs similaires. Bien que conceptualisant les territoires comme des systèmes en constante mutation, il est possible de qualifier cette période distincte dans le développement territorial régional comme un phénomène de « bifurcation systémique » du territoire (Rolland-May, 2003 ; Moine, 2007 ; Gallego-Bono & al., 2008 ; Woessner, 2010). Ici, il y a bifurcation « que s'il y a instabilité du système spatial relevant de discordances internes ou de l'occurrence d'une perturbation de grande ampleur qui a, dans ce cas, toutes les chances d'être externe » (Marchand-Vaguet, 2005, p.147). Cette « perturbation de grande ampleur » qu'a été la Seconde Guerre mondiale a ancré une pluralité de dynamiques sectorielles dans les territoires de Sibérie occidentale. En effet, en ne réévacuant pas la totalité des organisations productives – pour des raisons d'ordre stratégique et militaire – et même en augmentant leurs capacités productives par une politique de valorisation des atouts productifs mis en évidence par la guerre, le Parti a encouragé indirectement cette « bifurcation systémique » territoriale.

Dans la période d'après-guerre, la Sibérie occidentale n'est plus un territoire dont le développement industriel est axé uniquement sur l'extraction et la transformation des ressources naturelles. En effet, le renforcement du système militaro-industriel soviétique d'après-guerre implique d'acquérir de nouvelles connaissances en physique nucléaire, dans la conquête spatiale, dans les technologies militaires, dans la production et le stockage d'armement bactériologique, etc. Relativement éloignée géographiquement d'une possible recrudescence des conflits militaires européens, la Sibérie occidentale devient une base arrière militaire qu'il est nécessaire de moderniser. La construction, dès la fin de la guerre, de plusieurs centrales hydro-électriques ou nucléaires sur les fleuves Ob et Ienisseï en Sibérie occidentale et sur l'affluent Angara dans l'ouest du plateau de Sibérie, mais aussi de plusieurs villes nouvelles (majoritairement des villages devenus des villes sous l'impulsion de l'industrialisation régionale massive), pour certaines dites « fermées » (Tomsk-7, Krasnoïarsk-26, etc.), de combinats industriels produisant de nombreuses substances chimiques, pétrochimiques et carbochimiques (localisés à Tobolsk, Tomsk, Atchinsk, Kemerovo, etc.) ou nécessitant à proximité d'importantes sources d'énergie (filière bois, métallurgie non ferreuse, etc.) confirment la volonté du gouvernement soviétique de valoriser la « bifurcation systémique » territoriale de la guerre dans les territoires de Sibérie occidentale (Nekrylov & Lukov, 2012). La priorité donnée à l'industrie lourde s'additionnant au développement accéléré d'un système militaro-industriel d'après-guerre à proximité géographique d'importants sites industriels de sidérurgie a aussi encouragé l'émergence d'un secteur de métallurgie de transformation (fabrication de machines, d'outillage de mine, appareils électriques, etc.) (Smotkine, 1961), mais aussi d'un secteur de métallurgie chimique (production et enrichissement d'uranium 235, de plutonium 239, etc.). Dans les années 1960-70, afin de renforcer la cohérence du système militaro-industriel régional, mais aussi de favoriser les progrès en matière de conquête spatiale et de développement nucléaire, l'industrie électronique (fabrication de composants micro-électronique, d'ordinateurs de calcul, câbles électriques, etc.) se développe progressivement (à Tomsk, à Novossibirsk, à Minoussinsk, etc.).

Mais ce développement industriel d'après-guerre n'aurait pas été possible sans une croissance accélérée du système scientifique régional – soit l'accroissement du nombre d'instituts de recherche et universités régionaux – accompagné de l'augmentation de ses interactions avec la sphère productive. L'implantation d'une « cité scientifique » (Akademgorodok) jouxtant le lac artificiel de la centrale hydro-électrique de Novossibirsk (appellé communément la « mer de l'Ob ») fut décrétée par le Parti le 18 mai 1957[40] sous l'impulsion de l'académicien Mikhaïl Alekseïevitch Lavrentiev (au XXe congrès du Parti) cherche à répondre à ces deux dynamiques. En effet, cette cité scientifique doit pouvoir, en devenant une branche de l'académie des sciences de l'URSS, augmenter le nombre de scientifiques en Sibérie occidentale (en attirant des chercheurs principalement de Moscou et Leningrad par l'impulsion de nouveaux projets scientifiques et la perspective de promotion dans la

[40] L'objectif officiel fixé par ce décret (du 18 mai 1957) était le « développement tous azimuts de la recherche théorique et expérimentale dans le domaine des sciences physico-techniques, naturelles et économiques nécessaire à la résolution de problèmes scientifiques dits « critiques » et de problèmes contribuant au développement réussi des forces productives de la Sibérie et l'Extrême-Orient ».
http://www.prometeus.nsc.ru/science/sbras50/03.ssi

hiérarchie scientifique), ainsi que par la nature ex-nihilo du projet, permettre d'anticiper les interactions et relations entre la Recherche et l'industrie. Ici la ville soviétique est, avant tout, pensée comme un outil de « valorisation de la production » (Benini, 1987, p.148), c'est-à-dire que les urbanistes soviétiques recontextualisent et anticipent (où s'efforcent d'anticiper) les dynamiques évolutives de la future ville en fonction du développement de réseaux d'approvisionnement en énergie, de transports, des organisations productives sectoriellement et spatialement proches, ainsi que ceux de recherche et de formation. De fait, à l'intérieur des centres de recherche d'Akademgorodok, étaient localisés différents centres d'essai et de production (Boussyguine, 2005) qui découlaient d'une volonté organisationnelle de démultiplier les interactions entre l'industrie et la recherche. Vers la fin des années 1960, l'important développement d'après-guerre d'instituts de recherche dans différentes villes de Sibérie (Tomsk, Kemerovo, Krasnoïarsk, Irkoutsk, etc.) encourage les autorités soviétiques à intégrer les plus performants dans un réseau de filiales relatives à la branche sibérienne de l'académie des sciences d'URSS.

Si à première vue, l'industrialisation de la Sibérie occidentale, portée par la « locomotive » des impératifs militaires fixés par le Parti, génère un développement territorial rapide et (relativement) diversifié dès la fin de la guerre, une analyse des dynamiques organisationnelles des territoires révèle une articulation « système productif-système territorial » fragilisée par des ambitions militaires en décalage avec les politiques socio-économiques initiées parallèlement. Cette période a été caractérisée par Kornai (1992) comme l'apparition d'un « alliage malléable d'anciennes doctrines rigides et d'idées nouvelles, plus terre-à-terre, imposées par la réalité des choses » (p.494) qu'il a nommé « système réformateur » (p.40). En effet, les nouveaux défis économiques, militaires, sociaux, etc. de l'après-guerre (déstalinisation, renforcement de l'arsenal militaire, conquête de l'espace, etc.) à relever par le Parti tendent à complexifier l'organisation des flux productifs inter et intra territoriaux. Parallèlement à l'accroissement de la complexité du système productif national, Nikita Khrouchtchev, alors premier secrétaire du Parti, se réapproprie l'héritage stalinien. Outil d'affirmation au sein du Parti, la « déstalinisation » permet aussi à Krouchtchev d'initier diverses réformes organisationnelles qui pour certaines ont eu comme conséquence d'augmenter les crises systémiques des territoires. Sa réforme territoriale de 1957 en est un exemple : l'intégration de « sovnarkhoz » (conseils économiques régionaux) dans les territoires (loi du 10 mai 1957) pour accroître l'autonomie des régions et leur implication dans les dynamiques territoriales locales ne crée pas la « bifurcation » organisationnelle des territoires attendue (loi abrogée en 1965 après la réorganisation administrative du 13 mars 1963). Directement dirigés par les conseils de ministres des Républiques fédérées (elles-mêmes administrées par le Conseil des ministres de l'URSS), les sovnarkhoz avaient pour objectifs de redonner une spécialisation régionale forte dans le système productif national en suivant un plan unifié de toutes les branches de l'économie – freinant l'accentuation sectorielle de la production qui avait créé des déséquilibres territoriaux importants au détriment des secteurs jugés « non-prioritaires » par le Parti – et de déconcentrer les prises de décisions à l'échelon local pour atténuer le centralisme et limiter la verticalité des décisions économiques. De fait, il s'agissait, en regroupant des organisations productives de secteurs différents localisées sur un même territoire, de leur donner les moyens (outils administratifs, règles juridiques, etc.) de coopérer, de décloisonner les branches de l'industrie, et par effet rétroactif, d'améliorer la capacité des organisations productives à atteindre leurs objectifs planifiés.

Si sur le papier, la réforme peut être théoriquement cohérente, sur le terrain, le processus d'intégration de la loi dans les systèmes territoriaux s'effectue de façon verticale (et relativement rapide) sans tenir compte des possibles réticences des acteurs territoriaux à s'approprier la réforme. De fait, avant la réforme, même si les organisations productives de filières n'étaient pas rassemblées sur un même territoire, les ministères des différentes filières étaient capables de relier rapidement les différentes organisations localisées sur les différents territoires ; une fois la réforme appliquée, les ministères se substituaient aux conseils économiques régionaux. Ces derniers n'avaient alors plus la possibilité d'opérer une vue de l'ensemble complexe de la filière et de répondre adéquatement aux crises systémiques relatives à l'évolution de l'appareil productif soviétique. Dans ce contexte, le processus d'appropriation de la réforme était ralenti : les acteurs territoriaux évoluant à l'intérieur de la filière ne voyant pas leur intérêt à initier de nouvelles formes de coopération inter et intra régionales n'hésitaient pas à freiner les processus d'appropriation de la réforme. De fait, ce n'est pas tant l'objet de la réforme que l'absence d'accompagnement institutionnel (dynamique de « consolidation » institutionnelle post-transitionnelle) de la transition organisationnelle opérée, qui remettait en cause la politique d'intégration des sovnarkhoz. En Sibérie occidentale (mais aussi dans l'ensemble des territoires de l'URSS), l'application de la réforme par les différentes entités concernées (soit les administrateurs des sovnarkhoz, des ministères, les directeurs d'organisations productives, etc.) était productrice de tensions entre acteurs territoriaux. En effet, dans l'oblast de Tomsk, le projet d'exploitation du gisement d'ilménite-zircon du Tougan (mis à jour en 1957), qui, à l'origine, pouvait créer des effets d'entraînement sur l'ensemble de la structure industrielle régionale, fut ajourné par le conseil économique régional pour privilégier un accroissement des interactions locales entre organisations productives existantes. L'extraction d'ilménite et de zircon en URSS relevait de la spécialisation de l'oblast de Dnipropetrovsk en Ukraine (principalement des gisements Malichevskii et Voltchanskii). De fait, après la réforme, la filière d'extraction s'est retrouvée concentrée en un seul point du territoire, diminuant significativement sa capacité de développement par rapport aux possibilités d'exploitation des ressources territoriales de l'URSS (Khromov, 2012). De même, dans l'oblast de Kemerovo, le conseil économique régional et un groupe de cadres du Combinat métallurgique de Novokouznetsk proposèrent une redéfinition des frontières géographiques régionales (avec pour objectif d'englober la République autonome de Khakassie situé dans le Kraï de Krasnoïarsk) et un déplacement du centre administratif régional de Kemerovo à Stalinsk (plus tard Novokouznetsk) pour permettre à ce même Combinat d'augmenter sa performance productive. Les administrations régionales du Kraï de Krasnoïarsk concernées n'ayant aucun intérêt à soutenir une initiative locale, qui plus est, pouvant remettre en cause l'organisation administrative régionale, ont préféré ignorer la proposition du conseil économique régional. En revenant en 1965 au modèle organisationnel des ministères, certaines filières industrielles vont alors se développer à l'échelle locale plus rapidement que d'autres (telles l'extraction des matières premières, l'industrie spatiale et militaire, etc.).

Jusqu'à la fin des années 1980, les territoires de Sibérie occidentale sont modernisés sous l'impulsion des organes de planification. L'importation de biens et produits étrangers (provenant autant des économies du

CAEM que des économies de marché) à partir de la fin des années 1950 permet de remplir les objectifs planifiés de divers secteurs, tels l'agro-alimentaire (Woroniak, 1976 ; Yefimov, 2003), l'industrie chimique (par exemple, dans la production d'ammoniac, cf. Bornstein, 1985) ou l'exploitation pétrolière (Radvanyi, 2010). Dans le but de repenser l'articulation système productif – système territorial et favoriser les interactions diverses et multiples des acteurs territoriaux, les autorités soviétiques vont introduire dans les années 1970-80, dans certains territoires, des « complexes territoriaux de production ». De nombreux territoires de Sibérie feront alors l'objet de différentes applications du concept (régions d'Irkoustsk [Brast-Oust-Ilimsk], de l'Angara-Iénisséï, du Bas-Angara, etc.). Inspiré des travaux de Kolosovskii (1969), un « complexe territorial de production » (cf. partie I.1.) doit pouvoir opérer une recombinaison des flux productifs entre organisations productives localisées sur un même territoire, entraînant un décloisonnement sectoriel dans le but de profiter d'externalités productives territorialisées pouvant faciliter la réalisation des objectifs planifiés (Maurel, 1982). Dans une perspective systémique, le « complexe territorial de production » peut être appréhendé comme un système complexe ouvert sur l'extérieur avec pour « noyau » une combinaison de secteurs interconnectés. Les frontières de ce nouveau système organisationnel évoluent en fonction de la réorganisation continue d'une pluralité de ressources (dynamiques organisationnelles locales, spécificités sectorielles, ressources naturelles, etc.). L'émergence d'un tel système dans l'optique des autorités soviétiques avait pour objectif de résoudre des « (grands) problèmes économiques » régionaux sur une durée déterminée. Il s'agissait par là de ne pas remettre en cause la prédominance de l'approche sectorielle dans l'organisation de l'économie soviétique, mais de trouver des solutions « sur mesure » dans le temps pour renforcer la capacité de ces territoires à s'adapter aux crises systémiques générées par les impulsions (soit la redéfinition aléatoire des objectifs) des organes de planification (cf. Encadré n°4). Cependant, en matière de gouvernance de ces complexes territoriaux de production, les tensions à l'œuvre entre acteurs locaux privilégiant autant l'approche de la filière que l'approche territoriale ont très vite fait ressurgir des problèmes de cohérence d'ensemble dans le développement et l'organisation de l'économie territoriale soviétique (Radvanyi, 1983).

Encadré n°4 : Les bases théoriques de l'économie territoriale soviétique

Dans une économie centralement planifiée, l'État étant l'unique initiateur du développement productif territorial, toute externalité négative (ici, freinant l'accomplissement du plan) devait être anticipée à l'échelle embryonnaire des projets économiques des territoires. Dans ce contexte, les économistes soviétiques, influencés par les travaux de Kolosovskii (1969) et le corpus théorique de l'économie soviétique (Académie des sciences de l'URSS, 1955), encourageaient à intégrer un principe de complexité et de proportionnalité (Kuramin & al., 1989) dans l'orientation et l'organisation du développement territorial pour prévenir de possibles externalités négatives, soit l'émergence de goulots d'étranglement dans l'allocation des ressources déséquilibrant le développement territorial et sectoriel « harmonieux » recherché. En effet, l'implantation d'une unité productive ou « force productive » (organisation productive, université, centre de recherche, etc.) nouvelle par les organes de planification nécessitait de tenir compte de son raccord avec les circuits productifs existants (principe de proportionnalité), mais aussi de modéliser sa trajectoire selon l'adéquation et/ou la complémentarité entre les différentes branches industrielles (principe de complexité). Dès lors, il s'agissait pour les autorités soviétiques de penser l'implantation d'« unités productives » comme l'implantation de « structures socio-territoriales » (Zaslavkaia, 1983) ou « complexes territoriaux socio-économiques » (Kuramin & al., 1989), c'est-à-dire d'anticiper l'évolution d'un système productif local au sein des circuits socio-productifs des territoires. Si ces concepts mettaient en lumière les difficultés de localisation et d'intégration des « forces productives » par les autorités soviétiques pour renforcer l'ensemble du système productif soviétique, leur application reposait dans une stratégie de « rééquilibrage » continu des ressources (organisationnelles, scientifiques, sociales, etc.) planifiées et proportionnelles qui demeurait bien souvent difficile à mettre en place et à maintenir dans le système d'allocation planifiée des ressources qu'était le système économique soviétique.

2. Valoriser les ressources cognitives des territoires dans l'espace post-soviétique, une approche évolutionniste

Avant d'analyser la capacité des organisations locales (entreprises, universités, centres de recherche, etc.) de Sibérie occidentale (à Novossibirsk et à Tomsk) à former un pôle de « forces motrices » pour le développement territorial, il est nécessaire de s'intéresser aux spécificités organisationnelles locales. Ces dernières sont étroitement liées aux mécanismes de transformation institutionnelle des territoires. Considérant, dans une perspective évolutionniste, que le développement territorial sous-entend la formation et le renforcement d'une « mémoire vivante » (Duez, 2011, p.745), il est possible de postuler que les territoires accumulent continuellement des connaissances dans le temps (Laperche &

Uzunidis, 2011). Mais ici, il s'agit avant tout de conceptualiser l'accumulation de connaissances territorialisées héritée de la période soviétique comme une ressource exogène, soit un « réservoir » de connaissances. Le caractère exogène de cette ressource est essentiellement mis en évidence par la transition économique des années 1990. En effet, dans une perspective évolutionniste, les multiples et diverses connaissances, bien que s'accumulant continuellement dans un « réservoir », ne nécessitent cependant pas les mêmes efforts d'adaptation de la part des agents économiques : celles accumulées à l'époque soviétique requièrent un processus d'adaptation particulier. En effet, la transition institutionnelle des années 1990 a désorganisé les circuits productifs des territoires : les acteurs composant les systèmes d'apprentissage territorialisés ne peuvent plus puiser dans les dynamiques du passé sans adapter, modifier, se réapproprier les connaissances de la période soviétique. Bien que considérant que « toute connaissance acquise, tout apprentissage, consiste dans la modification (éventuellement le rejet) d'une certaine forme de connaissance, ou de disposition, qui était déjà là au préalable, et, en dernière instance, de dispositions innées » (Popper, 1979, p.134), il s'agit aussi ici de montrer que la transition institutionnelle redéfinit les circuits socio-économiques d'une telle manière que toute personne n'étant pas apte à apprendre dans un contexte de changement systémique peut freiner indirectement son adaptation aux nouveaux mécanismes de coordination post-transitionnels. Dans une approche veblenienne où les institutions détiennent un rôle de coercition, certains groupes de la société soviétique pourraient freiner cet apprentissage autant par leur conservatisme que par les moyens financiers dont ils disposent. Cependant, dans le cas russe, la perte de repères institutionnels générée par les incohérences de la transition institutionnelle et les fortes dynamiques inflationnistes relatives à la libéralisation des prix et à la faiblesse des institutions judiciaires contribuent à redessiner les rapports de force et influencer la trajectoire institutionnelle de l'ensemble du système social soviétique. Ici, « les institutions ne sont pas principalement conçues pour résoudre des problèmes de coordination entre des agents égaux possédant des intérêts similaires, mais elles sont plutôt des solutions transitoires à des conflits entre des acteurs inégaux possédant des intérêts divergents. Les institutions émergeront comme la conséquence du comportement stratégique des agents dans un contexte d'asymétries de pouvoir » (Amable, 2005, p.19). Mais les institutions sont aussi des processus évolutifs continuels de redéfinition de pratiques organisationnelles. Le « comportement stratégique des agents » n'est dès lors pas toujours évident à appréhender et caractériser selon la période de temps et l'objet de l'institutionnalisation observés.

La transition institutionnelle de l'ensemble de l'économie soviétique dans les années 1990 n'est pas perçue uniformément selon le type d'acteurs territoriaux. Ici, il est nécessaire de différencier l'acteur territorial de l'agent économique. L'acteur territorial n'est pas forcément un individu (soit un agent économique), il peut aussi être appréhendé comme un groupe d'individus représenté généralement au travers d'une organisation territoriale (institution publique, parapublique ou privée) alors que l'agent économique demeure un individu pouvant évoluer au sein d'un ou plusieurs acteurs territoriaux simultanément, mais aussi successivement. De fait, du point de vue de l'individu, le concept « brut » du marché véhiculé par les acteurs politiques promouvant la transition économique des années 1990, mais aussi par des stéréotypes sous-estimant le processus relativement long d'une institutionnalisation des mécanismes de marché, avaient créé chez le citoyen soviétique l'idée qu'il vivrait comme dans une société occidentale du jour au lendemain (ou qu'il était possible de décupler ses revenus seulement par l'ouverture ou la privatisation d'une entreprise). Cependant, dans le cas de l'acteur territorial, l'idée de l'introduction des mécanismes de marché imposés verticalement dans la structure organisationnelle pré-transitionnelle pouvait aussi être appréhendée comme une réforme de plus venant des autorités étatiques pour complexifier les dynamiques de coordination productive (soit renforcer l'architecture productive). En l'absence de directives des organes de planification (détermination des fournisseurs, des acheteurs, des objectifs quant au niveau de service ou de la qualité des biens produits, etc.) et/ou d'entrepreneurs « schumpétériens » capables d'adapter les mécanismes de coordination de l'ancien système productif (dans le nouveau système), les systèmes de production – soit des structures productives récemment privatisées, mais aussi des institutions publiques et semi-publiques produisant une diversité de services – peuvent se retrouver entièrement paralysés par les incohérences de la transition institutionnelle. Dans les économies post-soviétiques, d'un côté, « on voit surgir le mythe d'un capitalisme utopique et avec lui la promesse que l'économie de marché, par une force invisible, peut tout régler » (Michnik, 1992, in Holcbat, 1994, p.151) et de l'autre, paradoxalement, un grand nombre d'agents économiques est persuadé que toute réorganisation économique initiée verticalement est productrice de crises systémiques qui déstabilisent les processus de production (et les possibilités d'ascension sociale qui s'y rattachent) (Petrovski & Fabre, 2002). Dans ce contexte, la plupart de la population post-soviétique s'attendait à ce que le nouveau pouvoir (soutenant l'idée d'un marché régulateur autonome) leur donne les biens et les services dont la nomenklatura soviétique disposait (avantages sociaux, hauts salaires, etc.) ou dont elle était privée sous la période soviétique (ouverture des frontières, accès « illimité » aux biens de consommation, etc.). Mais cette même population ne voyait aussi dans ce retrait de l'activité et des prérogatives traditionnelles de l'État qu'une période passagère. Ici, la transition institutionnelle n'est pas encore achevée, elle le sera lorsque toutes les tentatives de réaffirmer les pratiques organisationnelles pré-transitionnelles (soit « revenir » en arrière) auront échouées. Dans ce contexte, la transition peut se définir comme le « passage, considéré comme nécessaire, incontournable et irréversible d'un état, d'une norme ou d'un régime stabilisé ancien à un état, une norme ou un régime stabilisé nouveau » (Gallego-Bono & al., 2008, p.16). Autrement dit, il est possible de dire que la transition institutionnelle sera achevée une fois que l'ensemble des individus aura adopté les « nouvelles » pratiques institutionnelles. De fait, ici la définition de transition répond à une situation où « de nouvelles règles et procédures sont élaborées dans un contexte limité et par une élite restreinte, avant d'être « intériorisées », « assimilées » par un ensemble d'acteurs plus vaste » (Guilhot & Schmitter, 2000, p.618). Ici, il est nécessaire de préciser que la « bifurcation systémique » initiée puisse avorter par l'émergence d'une nouvelle « élite restreinte » capable de porter et intégrer de nouvelles dynamiques institutionnelles dans le système économique. De fait, le phénomène de transition sous-entend un processus dit « en arbre » (Dobry, 2000, p.591) qui n'implique pas un « état stabilisé nouveau » entièrement déterminable par les initiateurs de la transition.

En effet, il ne suffit pas de changer les mécanismes institutionnels de répartition des ressources dans l'économie pour que les agents économiques intègrent le comportement institutionnel correspondant, et surtout qu'ils s'y tiennent dans le temps. Dans une transition institutionnelle, le phénomène d'une désorganisation des repères institutionnels des agents économiques et acteurs territoriaux est propre à toute transition complexe qui appelle un « nouvel » état par l'introduction d'une pluralité de (« nouvelles ») formes de contraintes et d'opportunités dans les systèmes organisationnels pré-transitionnels. En fonction des individus (de leur expérience personnelle, de leurs valeurs, de leur lieu de travail, etc.), les « nouvelles » institutions sont suivies, rejetées, modifiées, etc. En effet, « les constructions mentales formées par les individus pour expliquer et interpréter le monde qui les entoure résultent pour partie de leur héritage culturel, pour partie des problèmes quotidiens « locaux » qu'ils doivent affronter et résoudre, pour partie enfin d'apprentissages non locaux. [...] Des individus au passé différent interpréteront différemment la même observation et feront en conséquence des choix différents. S'ils bénéficiaient d'un retour d'information « complet » sur les conséquences de leurs choix, des individus ayant la même fonction d'utilité corrigeraient graduellement leur perception et convergeraient à la longue vers un équilibre commun » (North, 2005, p.89-90). L'information véhiculée dans le système post-transitionnel nécessite dès lors d'être constamment vérifiée par les agents économiques. Pour vérifier ces informations, chaque individu n'est pas obligé de (s'efforcer de) remonter jusqu'à sa source, il peut puiser dans certaines ressources organisationnelles du territoire qui ont l'avantage d'être à la fois relativement fortement ancrées dans le territoire – c'est-à-dire difficilement transférables d'un territoire à un autre – , mais aussi particulièrement dynamiques : il s'agit ici des ressources réticulaires des agents économiques. Plus les agents économiques ont du mal à déterminer dans le temps la nature et l'objet des repères institutionnels post-transitionnels, plus ils mobilisent des mécanismes de réseau. Car les réseaux traduisent des systèmes de relations véhiculant une information qui se présente comme « filtrée », c'est-à-dire qui traverse des systèmes sociaux sans les remettre en cause. Ces systèmes de relations n'ont dans l'ensemble pas émergé avec le changement systémique de la transition, ils sont antérieurs à la transition et révèlent donc un ancrage territorial significatif (qu'il soit constitué sur des valeurs ethniques, des histoires communes ou des idées politiques). De fait, quand les agents économiques les mobilisent, ils puisent dans des ressources du territoire, mais aussi dans des ressources du système organisationnel pré-transitionnel. Dans ce contexte, si les agents économiques peuvent palier la désorganisation des repères institutionnels par la mobilisation d'un réseau territorial fortement ancré, c'est que ce dernier, mais aussi le territoire (comme système) jouent un rôle important dans la capacité des acteurs à s'adapter aux transitions économiques et plus précisément aux diverses crises systémiques post-transitionnelles.

Dans la théorie économique, ces réseaux territoriaux n'ont pas été diagnostiqués dans les années 1990 comme des « ressources » du territoire renforçant les capacités d'adaptation des agents économiques, mais comme des « pratiques » institutionnelles du passé « parasitant » l'adaptation des agents économiques aux nouvelles institutions. Ces « survivances du passé » étaient appréhendées et conceptualisées comme une « dépendance de sentier » ou « dépendance à l'égard du chemin » (*path dependance*) où le chemin était « tracé » par le système organisationnel pré-transitionnel et la dépendance à ce dernier relevait de la pérennité (voire du renforcement ou du « lock-in ») de certaines institutions (ou dans l'analyse originelle, de certaines technologies) considérées comme relativement moins performantes face à l'arrivée de nouvelles institutions appréhendées comme relativement plus performantes (David, 1985 ; Arthur, 1989). Sous l'angle de la théorie microéconomique, ce phénomène était explicable par la possibilité pour l'entreprise de 1. limiter les coûts d'investissements (réinvestir dans une « meilleure » technologie peut s'avérer coûteux), 2. orienter les effets d'apprentissage (en se référant à une technologie choisie préalablement, les utilisateurs sont incités à intégrer des innovations dans le même produit plutôt que de le changer), 3. profiter des effets de coordination (plus une technologie est mobilisée, plus elle devient attractive, et les normes qu'elle impose sont adoptées) et 4. favoriser les comportements d'adaptation par anticipation (en anticipant une trajectoire technologique et en investissant sur une technologie en particulier, il est possible de profiter des effets d'« auto-réalisation » de ce choix) (Palier & Bonoli, 1999). Mais cette analyse théorique insistant sur les rendements croissants générés par la trajectoire technologique tend à sous-estimer la systémique des mécanismes institutionnels. En effet, les institutions sont modifiées ou persistent dans leur forme au sein d'un environnement en constante évolution. Cherchant à recontextualiser le processus de constitution des institutions (et dépasser l'approche traditionnelle des rendements croissants), les économistes néo-institutionnalistes (North, 1990 ; Pierson, 2000 ; Thelen, 2003 ; etc.) se sont réapproprié le concept de « dépendance de sentier » et ont mis en lumière la difficulté de distinguer et articuler en toutes circonstances les conditions d'émergence d'une institution de ses mécanismes de reproduction. En sous-entendant que l'émergence d'institutions pouvait avoir comme origine un « accident » (ou un « petit événement historique », Dobry, 2000, p.599), l'objectif ici était de montrer que des évènements a priori insignifiants peuvent avoir un impact non-négligeable sur le système étudié (tels des effets de « lock-in »). Dans ce contexte, la dépendance de sentier englobe ici l'ensemble des moyens « par lequel les institutions et croyances apparues dans le passé influencent les choix présents » (North, 2005, p.40). Cependant, le mot « dépendance » ne doit pas être appréhendé ici comme une « résistance au changement » ou un « poids des traditions ». En effet, « une analyse [...] minutieuse démontre que le prétendu « poids des traditions » traduit seulement les déceptions et présupposés de l'observateur, et que les acteurs eux-mêmes ont de bonnes raisons de « résister au changement » » (Boudon & Bourricaud, 1982, p.184). Veblen (1899) parlait à ce sujet des « tracas » de l'adaptation (p.133) des agents économiques contraints par le changement institutionnel. Dans ce contexte, il ne faut plus s'interroger sur la persistance – quel que soit son impact sur la trajectoire analysée – d'un héritage institutionnel dans une nouvelle configuration institutionnelle (phénomène de « dépendance de sentier » vis-à-vis de l'héritage), mais sur la mobilisation par les agents économiques de ressources institutionnelles ayant pris forme dans l'ancienne configuration institutionnelle (phénomène de valorisation de l'héritage) (Stark, 1996).

Cependant, la question de la valorisation de l'héritage n'en est pas moins complexe et n'évacue pas complètement la « dépendance de sentier ». Plusieurs questions peuvent être posées : quels sont les mécanismes organisationnels que les agents économiques mobilisent ? Quelles en sont les conséquences sur la performance des systèmes productifs des territoires ? Quel est le poids des dynamiques rétroactives dans ces processus d'adaptation ? Dans une situation de pertes de repères institutionnels, les agents économiques mobilisent les réseaux territoriaux pour accélérer le processus de redéfinition de repères institutionnels (soit « filtrer » l'information) afin d'augmenter leur capacité à réagir et s'adapter aux crises systémiques (qui se multiplent et prennent des formes souvent inattendues dans le changement systémique). Par ailleurs, dans des situations d'incertitude institutionnelle, les mécanismes de réseau ne sont pas seulement mobilisés (ou renforcés) par le biais d'une proximité « temporaire » ou « permanente » (Torre, 2009), ils émergent aussi par des comportements d'anticipation de problèmes individuels et/ou collectifs. En parlant de proximité temporaire, Torre (2009) précise qu'elle correspond à « la possibilité de satisfaire certains besoins de contacts de face à face entre acteurs grâce au déplacement entre différentes localisations » (p.70). En ce sens, elle prend forme « autour de déplacements de courtes durées » (Vant, 1998, p.107) telles les migrations saisonnières, itinérantes, etc., et des « proximités épisodiques » (Ibid, p.107), tels les déplacements ponctuels pour des projets uniques ou réunions non répétitives. De fait, l'intensité de l'usage de la dynamique de réseau est aléatoire dans le temps et n'est pas toujours justifiée (par rapport aux problèmes concrets que rencontrent les agents économiques). En effet, mobiliser des réseaux territoriaux ne fait pas que « filtrer » l'information (ou sélectionner l'information), elle peut aussi la modifier. Certains agents économiques peuvent alors profiter des canaux informationnels intra-réseaux ou renforcer l'émergence de « réseaux spéculatifs » (Rizopoulos, 1999, p.297) pour véhiculer des informations que les acteurs d'un réseau peuvent difficilement remettre en cause (du fait d'une exclusion possible du réseau), même si les faits économiques et sociaux prouvent le contraire. Ce type de comportement favorise, par effets rétroactifs, l'émergence de « trous structuraux » (Burt, 1992). Dans ce contexte, les réseaux initialement mobilisés comme des freins à une situation d'instabilité institutionnelle peuvent aussi devenir les principaux moteurs de l'instabilité institutionnelle : les entrepreneurs cherchent autant à profiter qu'à créer les « trous structuraux » leur permettant d'augmenter la performance de leur entreprise. De fait, la mobilisation de réseaux territoriaux nés dans la période pré-transitionnelle n'est pas un problème relatif à la persistance de pratiques institutionnelles du passé (« dépendance de sentier »), mais de l'utilisation multiple pour des objectifs divers d'un réseau de relations par une pluralité d'agents économiques. Cette confrontation d'intérêts divers et l'émergence d'effets rétroactifs contraires aux objectifs de départ « brouillent » l'analyse et sous-entendent que toute action individuelle ou collective consécutive à l'utilisation d'un réseau peut traduire autant un sentier suivi par habitude qu'une bifurcation avortée par l'incapacité d'imposer un nouveau sentier. Si le résultat, dans les faits, reste le même – à savoir la continuité de certaines dynamiques institutionnelles –, une analyse plus approfondie montre que les individus perçoivent leur adaptation différemment. L'information dite « filtrée » par les réseaux n'est donc pas filtrée de la même manière. Les boucles de rétroaction sont donc d'intensité plurielle. Dans le concept de « dépendance de sentier », cette complexité est englobée par les effets d'entraînement générés par la trajectoire institutionnelle sélectionnée. Pourtant, la diversité des dynamiques institutionnelles n'est pas absente des processus transitionnels. Il s'agit dès lors de remettre en lumière les dynamiques de « négociation » institutionnelle qui émergent après l'introduction de nouvelles règles.

La multitude de sentiers institutionnels possibles n'explique pas pourquoi les agents économiques sont plus enclins à valoriser telles ou telles ressources du passé. Pour Thelen (2003), la complémentarité et/ou la concurrence entre institutions du passé et institutions nouvelles ne sont plus un frein à la transition institutionnelle, mais le résultat d'une recombinaison de pratiques institutionnelles exogènes et endogènes que les agents économiques opèrent pour s'adapter à la pluralité des sentiers institutionnels possibles (phénomène de « sédimentation institutionnelle »). Dans le contexte de la transition russe des années 1990, l'ouverture d'entreprise par les agents économiques relevait d'un apprentissage de l'entrepreneuriat individuel (soit ici une pratique institutionnelle exogène). Cependant, pour augmenter leurs ventes de biens et services, les « entrepreneurs » pouvaient mobiliser un réseau de relations en mettant en avant l'héritage relationnel, ou la nécessité de préserver une relation (soit ici une pratique institutionnelle endogène). Cette mobilisation massive des mécanismes de réseau avait pour conséquence de caractériser l'entrepreneuriat comme une activité ne dépendant pas des avantages d'un produit, mais du réseau de l'entrepreneur. De même, les idées et pratiques institutionnelles du néolibéralisme (pratiques exogènes) poussaient les organisations productives privatisées à diminuer massivement le nombre comme les avantages sociaux des salariés. Cependant, les normes relatives à l'organisation de la production héritées de la période soviétique (pratiques endogènes) ont permis (aux nouvelles structures syndicales) de négocier des contreparties en faveur des salariés et opérer un nouveau rapport de force institutionnel. Dans ces deux exemples, il s'agit de voir non seulement des dynamiques de négociation post-transitionnelles, mais aussi la concrétisation de la transition institutionnelle caractérisant le nouveau système organisationnel en place. Par ailleurs, pour Thelen (2003), cette recombinaison des pratiques endogènes et exogènes n'est pas statique, elle évolue et peut favoriser l'émergence de nouveaux objectifs et modifier les pratiques institutionnelles qui s'en suivent (phénomène de « conversion institutionnelle »). Par exemple, après la décision d'initier une transition institutionnelle accélérée vers l'économie de marché, une majorité des pays de l'URSS se sont réunis (sous l'impulsion initiale d'une réunion des présidents russe, ukrainien et biélorusse le 8 décembre 1991 à Minsk) pour créer la « Communauté des États indépendants » (CEI) (le 21 décembre 1991 à Alma-Ata) dans le but de décentraliser les mécanismes de coordination des républiques soviétiques et par ce biais renforcer la reconnaissance mutuelle d'actes de souveraineté (Macfarlane, 1995). La dissolution de l'URSS le 26 décembre 1991 aurait pu remettre en cause la nouvelle organisation, ainsi que ses pratiques institutionnelles. Mais le partage de l'héritage des actifs militaires soviétiques, les impératifs de sécurité collective régionale, les nouveaux mécanismes économiques entre pays de l'ex-URSS, etc. se sont avérés autant d'enjeux qui redonnèrent à la CEI un nouveau rôle institutionnel et du poids dans les dynamiques de coopération des pays de l'ex-URSS membres (Garanina, 2007). Dans les années 2000, le gouvernement de Vladimir Poutine en Russie proposa à l'organisation d'intensifier la lutte contre le terrorisme international, l'extrémisme religieux, le trafic de drogue et des armes, etc. (Djalili & Kellner, 2003). De fait, les objectifs successifs favorisent ici une « conversion » des institutions plutôt qu'une « recombinaison » de pratiques institutionnelles. Dans cette optique, la valorisation du passé institutionnel est étroitement liée à des rapports de force, des adaptations individuelles et/ou collectives, des recombinaisons de mécanismes de coordination, des redéfinitions d'objectifs, etc. qu'il est nécessaire de recontextualiser pour appréhender les trajectoires institutionnelles des agents économiques et acteurs territoriaux.

En puisant dans les ressources institutionnelles (territoriales) du passé pour s'adapter, les agents économiques cherchent avant tout des informations, des connaissances, des traditions, etc. qui les sécurisent dans leur perception de l'environnement institutionnel et/ou du changement institutionnel. Le territoire peut alors se révéler comme un « espace de sécurité » réduisant l'incertitude des dynamiques socio-économiques (Laperche & Uzunidis, 2011, p.169). Dans ce contexte, la valorisation de l'héritage territorial peut prendre une pluralité de trajectoires institutionnelles[41]. Cependant, en cherchant à se protéger des effets schumpétériens de la « destruction créatrice » des territoires, les agents économiques (mais aussi les acteurs territoriaux) peuvent aussi limiter leurs stratégies de « repli » et préférer des stratégies pro-actives. L'exemple suivant relevé en ex-Allemagne de l'Est décrit un processus de valorisation de long terme basé sur le « réservoir » de connaissances accumulées par le système organisationnel pré-transitionnel : « pour comprendre ce caractère très innovant des entreprises de l'Est, en dépit de leur fragilité, il faut remonter au temps de la RDA. La richesse en inventions (Erfindungsreichtum) était très grande. On était constamment obligé d'inventer de nouvelles solutions techniques et scientifiques, car on ne disposait pas des matériaux adéquats. Il n'y avait pas d'acier affiné par exemple, il fallait trouver des solutions pour que ça ne rouille pas, trouver de nouveaux alliages [...]. Ce type d'attitude innovante exerce une influence aujourd'hui encore. Il fallait constamment inventer des solutions nouvelles et cette capacité nous est utile aujourd'hui. C'était vrai aussi de la programmation. Les capacités de calculs de nos ordinateurs étaient réduites. Il fallait toujours trouver des moyens pour écrire des programmes optimisant les capacités existantes. Aujourd'hui, cela nous sauve. L'heure est de plus en plus à l'optimisation, à l'économie d'énergie. Dans une période de morosité économique telle que la nôtre, cela joue un rôle croissant » (Interview d'un directeur d'entreprise de construction mécanique est-allemand, in : Labrousse, 2002, p.161). Dans le cas des territoires de la Sibérie occidentale (mais aussi de l'espace post-soviétique), le « réservoir » de connaissances acquis pendant la période soviétique peut-il dans le contexte institutionnel de l'économie post-soviétique russe offrir aux agents économiques des opportunités de valorisation pour se protéger des crises systémiques ?

---

[41] Ici, le démantèlement des organisations productives soviétiques (et les conséquences sur l'organisation de la production, tels la vente de machines, un appauvrissement de la filière, l'arrêt de projets d'investissements de long-terme, un assouplissement des normes de production provoquant une baisse de la qualité des biens et services, etc.) par le biais des processus de privatisation dans les années 1990 peut être appréhendé sur le long-terme comme une perte des actifs productifs et des systèmes organisationnels hérités de la période soviétique. Cependant, sur le court-terme, cette restructuration peut être considérée comme une valorisation de l'héritage (du fait du recentrage des activités productives en fonction de la nouvelle configuration de la demande).

Les conséquences de la seconde guerre mondiale (relocalisation de l'outil productif à l'Est du pays) comme de la transition économique des années 1990 (introduction de nouvelles règles dans les circuits socio-économiques) peuvent être conceptualisées comme des « bifurcations systémiques territoriales » générant une réorganisation des dynamiques productives. Mais les caractéristiques organisationnelles et sectorielles des territoires acquises après ces différentes bifurcations dans le temps montrent que l'adaptation des agents économiques n'est pas seulement une question de « réservoir » de ressources (institutionnelles, organisationnelles, d'actifs productifs, etc.). C'est aussi une question de jeux interactionnels et relationnels (émergeant pendant et après la bifurcation) entre acteurs ou groupe d'acteurs territoriaux combinés à des perceptions diverses du changement systémique de la part des agents économiques concernés (Fontan & al., 2004). Dans ce contexte, la valorisation du « réservoir » de connaissances acquis pendant la période soviétique est un processus indissociable des dynamiques évolutives du système institutionnel local. Le fait que l'Allemagne de l'Ouest ait joué un rôle de support institutionnel dans l'adaptation du système productif est-allemand au changement systémique peut nuancer la capacité des acteurs territoriaux post-soviétiques à « savoir quoi chercher ». Paradoxalement, c'est aussi par les efforts de valorisation de ce réservoir (dynamiques d'apprentissage localisées), au travers de politiques de développement territorial, que de nouvelles dynamiques institutionnelles peuvent émerger (et orienter les acteurs locaux sur « quoi chercher ») (cf. Encadré n°5). Ici, l'initiative de certains acteurs territoriaux (institutions étatiques, grandes entreprises locales, associations, etc.) pour réorganiser les dynamiques territoriales locales (par le biais de politiques d'innovation, de projets de développement territorial, etc.) ne suffit pas. Il est nécessaire que les porteurs de projets (publics et privés) puissent, ensemble, penser le développement territorial comme l'instauration d'une symbiose entre capacités productives et institutionnelles localisées (Perrat, 2012) coordonnant les multiples formes (institutionnelles, organisationnelles, cognitives, etc.) de l'héritage territorial soviétique (héritage accumulé) et russe (héritage en formation continue). Les outils organisationnels à disposition de l'État (politiques d'innovation ciblées sur un territoire, politique de cluster, politique fiscale localisée, etc.) pour forger cette symbiose peuvent être appréhendés comme des « déclencheurs » de nouvelles dynamiques territoriales. Qu'ils soient intégrés dans le territoire dans le cadre d'une gouvernance dite « inclusive » ou non, ces outils organisationnels deviennent performants quand, recontextualisés dans une perspective de long terme, ils se succèdent dans les politiques territoriales dans une cohérence que la majorité des acteurs locaux peut appréhender et souvent légitimer. En effet, des repères institutionnels peuvent émerger et se renforcer dans le temps ou s'ancrer dans le territoire quand les acteurs locaux s'accordent à reconnaître une pluralité de signes conjoints de stabilité, relatifs à leurs « croyances » (Boudon & Bourricaud, 1982). Mais plus que l'émergence de repères institutionnels, il est nécessaire que ces derniers jouent un rôle central dans les dynamiques d'homéostasie territoriale. Dans cette optique, les repères institutionnels (nouveaux, anciens et hybrides) ne freinent pas l'introduction de nouveaux outils organisationnels, ils l'accompagnent. De fait, les processus d'appropriation de concepts parmi les divers acteurs territoriaux sont à mettre en parallèle avec les dynamiques embryonnaires du système institutionnel territorial, à savoir le système de constitution des repères institutionnels contribuant à l'homéostasie territoriale.

Les territoires de Sibérie occidentale disposent d'un « réservoir » de ressources territorialisées relativement riche autant en matière d'actifs productifs que de diversité des secteurs dont les acteurs productifs locaux peinent à appréhender, mobiliser, valoriser pour renforcer la performance des systèmes productifs locaux. Certaines ressources sont fortement mobilisées tels les réseaux territoriaux pour s'adapter aux crises systémiques que rencontrent de façon diverse et aléatoire les agents économiques, d'autres sont sous-mobilisées telles les initiatives étatiques. L'objectif pour les décideurs publics n'est alors pas de distinguer et freiner les comportements relatifs à la « dépendance de sentier », distinction souvent particulièrement subjective, mais de les conceptualiser comme des actions individuelles et collectives relevant d'une capacité à mobiliser des ressources du territoire initiées pour réduire l'intensité ressentie des crises systémiques. Dans ce contexte, les multiples formes de l'héritage territorial acquis dans les années 1990 sont des ressources du territoire qui sont valorisées de façon hétérogène par l'ensemble des agents économiques. Le rôle des décideurs publics est donc bien de (re)créer les conditions d'une valorisation collective du « réservoir » de connaissances territorialisé et non pas de freiner la « dépendance de sentier ». Par le biais d'une gouvernance locale « dite » inclusive, il est possible d'encourager une pluralité d'acteurs territoriaux à interagir et provoquer l'émergence de nouvelles dynamiques de proximité territoriale. Mais pour contribuer à l'émergence de dynamiques d'innovation localisées et à la formation d'un milieu innovateur, il faut encore que ces interactions soient productrices de relations capables de générer des mécanismes de résilience durables. En ce sens, si la politique d'intégration de « clusters territoriaux d'innovation » dans les territoires russes peut remplir le rôle d'initiateur de nouvelles configurations territoriales, il s'agit aussi pour la majorité des acteurs locaux d'y voir une opportunité de se réapproprier conjointement l'héritage organisationnel de la période soviétique pour anticiper les effets schumpétériens de la « destruction créatrice » des territoires. Cette approche doit pouvoir à long-terme remplacer les efforts des acteurs locaux cherchant à réduire individuellement l'intensité des effets destructeurs relatifs à un manque de coordination inter-acteurs dans la valorisation de l'héritage territorial.

Encadré n°5 : Les réseaux comme vecteurs de transformation de l'héritage territorial

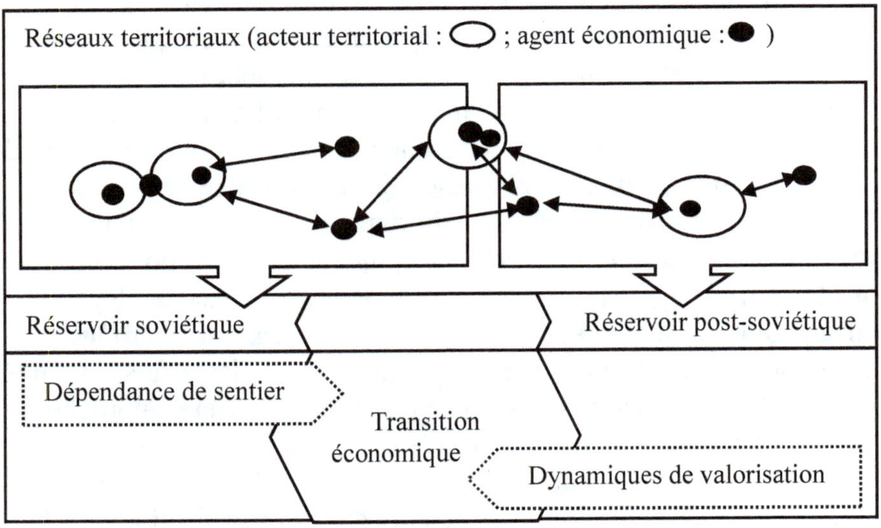

3. Les « clusters territoriaux d'innovation » de Novossibirsk et Tomsk : une valorisation territoriale ?

La décision des autorités russes d'intégrer des « clusters territoriaux d'innovation » dans certains territoires des régions russes répond autant aux enjeux de modernisation du système productif russe qu'à une volonté de restructurer, modifier, influencer les rapports de force Centre-régions. Concrètement, il s'agissait de clarifier le concept de « cluster » approprié de façon hétérogène par les décideurs locaux et de l'intégrer à des politiques publiques relatives au développement territorial. Ce qui a motivé l'État central à sélectionner les oblasts de Novossibirsk et Tomsk, c'est autant le potentiel de valorisation du « réservoir » de connaissances territorialisées accumulées par la période soviétique (présence d'un système de recherche localisé, de branches de l'Académie des sciences de Russie, d'entreprises d'importance stratégique fondées sur la base d'actifs productifs soviétiques, etc.), que la capacité des acteurs locaux à montrer à l'État central (par le biais des candidatures au concours) que l'intégration d'un « cluster territorial d'innovation » peut significativement influencer la trajectoire territoriale pour renforcer la performance des systèmes d'innovation territorialisés. La « bifurcation systémique » de ces deux régions amorcée pendant la Seconde Guerre mondiale, mais aussi la stratégie étatique de développement local consécutive – ici une stratégie renforcée par l'organisation spécifique de l'outil productif jusque dans les années 1990, à savoir l'économie centralement planifiée – ont contribué à diversifier le système sectoriel localisé et favoriser l'émergence d'un potentiel de ressources territoriales. Distinguées, réorganisées et valorisées dans l'économie post-soviétique russe, ces ressources territoriales demeurent un vecteur de renforcement des systèmes productifs locaux. Ici, le processus de valorisation des ressources territoriales est un enjeu gagnant-gagnant : les acteurs locaux sont incités à profiter directement des politiques publiques ou des projets de développement territorial initié à l'échelle locale pour développer de nouvelles compétences (productives, organisationnelles, cognitives, etc.) et renforcer l'architecture productive locale, et le Centre se crée des opportunités à démultiplier les effets rétroactifs accélérant le renforcement de la performance du système productif national (et du système national d'innovation).

En 2013, les autorités centrales (Moscou) valident la création de « clusters territoriaux d'innovation » à Novossibirsk et à Tomsk. Cependant, l'État russe réunit dans un même « cluster territorial d'innovation » deux secteurs d'activités : l'industrie biopharmaceutique (ainsi que du matériel médical à Tomsk) et l'industrie des technologies de l'information. Si cette réunion sectorielle peut, à première vue, paraître « bricolée » sur des secteurs industriels particulièrement distincts et présents de manière fortuite dans les territoires de Novossibirsk et Tomsk, elle peut cependant être aussi appréhendée comme une stratégie affirmée de décloisonnement sectoriel et de valorisation du « réservoir » de connaissances acquis pendant la période soviétique : généralement, les biotechnologies, désignant pour l'OCDE « l'application de la science et de la technologie à des organismes vivants, de même qu'à leurs composantes, produits et modélisations, pour modifier des matériaux vivants ou non vivants aux fins de la production de connaissances, de biens et de services » (OCDE, 2005, p.8), peuvent se développer dans trois principaux champs d'application à savoir les secteurs de l'agriculture, de l'industrie et de la santé (OCDE, 2009). En décloisonnant les secteurs de la biopharmacie et des technologies de l'information, il s'agit pour les autorités russes d'accélérer l'émergence de systèmes d'innovation dans les systèmes territoriaux régionaux / nationaux des biomédicaments (secteur de la santé). En effet, la production de biomédicaments appelle une réorganisation de l'industrie pharmaceutique, du fait de la mobilisation de différentes disciplines (chimie, biologie moléculaire, informatique, etc.) et de compétences diverses (générant de nouveaux équipements et nouveaux métiers) (Cavazzana-Calvo & Debiais, 2011), et traduit différentes mutations des systèmes institutionnels (englobant les systèmes de régulation, de recherche publique, etc.) régionaux et/ou nationaux (Malerba & al., 2006). Par ailleurs, si l'objectif est de rapprocher les technologies de l'information de celles de la biopharmacie, c'est aussi par leur caractère générique : selon l'OCDE, les publications scientifiques des revues de médecine clinique détiennent un rôle presque aussi important pour le secteur des biotechnologies que celui des technologies de l'information (OCDE, 2016, p.138). Dans ce contexte, la réunion de ces deux secteurs au travers des « clusters territoriaux d'innovation » des territoires de Novossibirsk et Tomsk n'est pas dénuée de toute cohérence. Elle peut, en effet, être appréhendée comme un levier d'action (de la part du Centre) pour inciter la pluralité d'acteurs territoriaux à tisser des relations intersectorielles et profiter des externalités de connaissance territorialisées, et révéler une stratégie de valorisation des ressources territoriales et de modernisation économique opérée par l'État.

L'introduction d'une nouvelle organisation exogène entre acteurs locaux dans le territoire n'est pas un processus linéaire. Elle contraint les divers acteurs locaux (entreprises, associations, institutions publiques, etc.) à renouveler la forme de leurs relations inter-acteurs (voire à intégrer dans leur système de relation de nouveaux acteurs territoriaux). Cette réorganisation des flux socio-économiques du territoire redessine indirectement les frontières du système de gouvernance locale : certains acteurs territoriaux peuvent émerger, d'autres prendre plus (ou moins) de poids dans les décisions de développement territorial, d'autres être exclus, etc. De fait, si d'un point de vue de l'État, les systèmes productifs locaux de Novossibirsk et de Tomsk ciblés par la politique des « clusters territoriaux d'innovation » (dans les secteurs de la biopharmacie et des technologies de l'information) ont tout intérêt à saisir les nouvelles opportunités mises en place par cette politique territoriale d'innovation, les différents acteurs territoriaux et agents économiques concernés n'ont pas forcément le même regard ni la même expérience pour comprendre les divers enjeux d'une réorganisation territoriale. De fait, ce n'est pas seulement la base théorique sous-entendue dans le concept qui est vectrice du succès du développement territorial, la rédaction du programme étatique intégrant le « cluster territorial d'innovation » dans le territoire devient aussi un élément décisif dans la compréhension et l'appropriation du concept par l'ensemble des acteurs territoriaux concernés. En Russie, si le gouvernement est l'initiateur de la politique des « clusters territoriaux d'innovation », l'État n'est cependant pas l'unique acteur territorial à rédiger les programmes d'État régionaux (cf. Encadré n°6). Afin que le « cluster territorial d'innovation » ne soit pas conceptualisé par les acteurs locaux comme un modèle organisationnel exogène aux territoires – son application exogène dans le cas russe aurait auguré d'un projet avorté dès sa phase initiale, l'asymétrie des proximités territoriales étant particulièrement accrue entre acteurs locaux – , une pluralité d'acteurs territoriaux locaux (entreprises, universités, associations, etc.) ont été invités à interagir avec les acteurs étatiques à l'échelle locale et fédérale et réfléchir sur des projets communs de développement territorial local axés sur l'innovation (proposition de dispositifs spécifiques, création et intégration de nouveaux acteurs territoriaux provoquant de nouvelles proximités, etc.). Ici, il est possible de parler de « construction » de la proximité organisationnelle (Torre & Beuret, 2012) pour articuler les nombreux acteurs situés sur différentes échelles (fédérales et régionales, voire les deux) du territoire.

Encadré n°6 : Les étapes de l'intégration du « cluster territorial d'innovation » dans le territoire

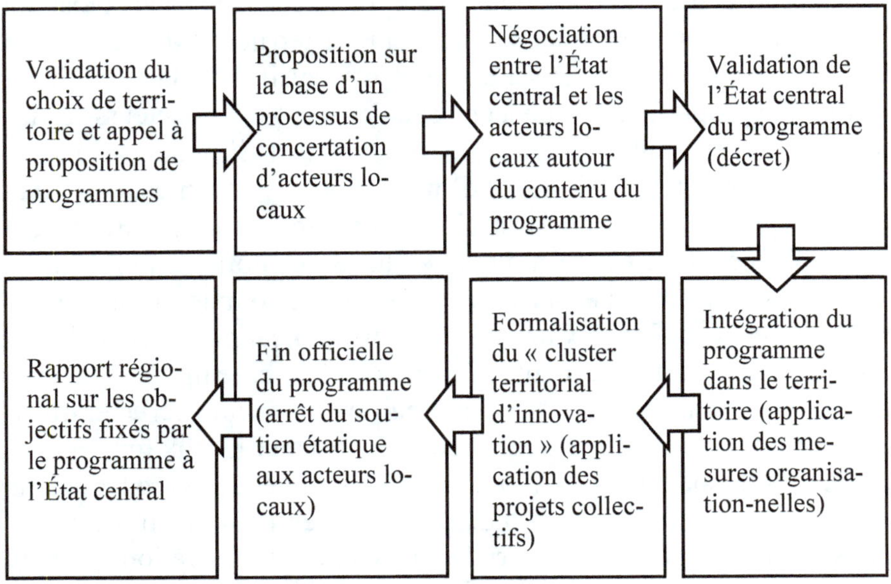

En tant qu'initiateur, contributeur financier, mais aussi participant à la rédaction des programmes et octroyant leur validation, l'État russe est appréhendé ici comme un acteur pivot du développement territorial. Plusieurs caractéristiques du rôle clé de l'État peuvent être mentionnées :

- Les financements étatiques alloués à l'intégration de « clusters territoriaux d'innovation » dans les territoires permettent de soutenir des projets de long terme décuplant les effets d'entraînements sur d'autres projets indirectement liés. Le rôle de l'État est ici décisif puisque les acteurs du secteur privé ne disposent généralement pas des capacités financières pour initier ce type de projets, mais aussi, et surtout n'ont pas de garanties institutionnelles capables de convaincre et d'attirer massivement des investisseurs extraterritoriaux.
- Les projets communs englobant divers acteurs locaux proposés au travers de la rédaction des programmes d'État formulent de potentielles retombées économiques et sociales : 1. à l'échelle locale, c'est-à-dire sur le niveau de l'emploi, la qualité de la formation des travailleurs, le volume de nouvelles entreprises, etc.,

2. à l'échelle nationale, c'est-à-dire sur la dépendance du pays vis-à-vis de certains biens d'importation, le rééquilibrage de l'appareil productif national, etc., et influencent directement l'État dans le choix du secteur d'activités et le nombre de « clusters territoriaux d'innovation » répartis sur l'ensemble du territoire russe.

- Avec pour objectif initial (fixé par l'État central) d'intégrer uniquement des acteurs territoriaux étant liés entre eux par un secteur d'activités commun, le « cluster territorial d'innovation » était conceptualisé à l'origine comme un modèle organisationnel pouvant soutenir les acteurs productifs relevant d'un seul secteur d'activités (déterminé localement par les acteurs territoriaux investis dans le processus de rédaction du programme d'État). Après plusieurs propositions de programmes émanant de cette coordination intra et inter régionale spécifique, le gouvernement russe a sélectionné autant des territoires que des programmes présentant des projets collectifs correspondant aux priorités sectorielles nationales et pouvant soutenir les dynamiques d'innovation des entreprises locales.

Dans le cas des territoires de Novossibirsk et Tomsk, l'État central a accéléré le processus de rédaction des programmes de ces régions : différents programmes proposés par les deux régions ont été sélectionnés et certains ont finalement été fusionnés pour réunir au sein d'un même programme deux secteurs productifs distincts. Bien qu'à l'origine, la rédaction sous-entendue par les étapes de l'intégration d'un « cluster territorial d'innovation » dans le territoire ait été appréhendée comme collective (faisant participer conjointement les acteurs du Centre et du « local ») (cf. Encadré n°6), le gouvernement russe a validé de façon unilatérale les programmes de Novossibirsk et Tomsk réunissant les secteurs des technologies de l'information et de la biopharmacie (mais aussi du matériel médical à Tomsk). De plus, même si les exigences de l'État central envers les acteurs locaux étaient de rédiger initialement une proposition de programme étatique réunissant différents acteurs territoriaux autour de projets d'un seul secteur en particulier, dans la version finale adoptée par l'État central, deux secteurs sont explicitement mentionnés. En ce sens, le choix de réunir deux secteurs distincts dans un seul programme étatique n'a pas été le résultat d'un consensus entre acteurs locaux, la décision finale a été prise à l'échelle fédérale. Si le calendrier relatif à la modernisation des systèmes productifs locaux russes défini par le gouvernement russe impose à ce dernier de prendre des décisions arrêtées pour accélérer le renforcement de l'appareil productif local, à l'échelle locale, les acteurs territoriaux n'ont souvent pas le même regard sur la nécessité et les enjeux d'un développement territorial ciblé et accentué. Dans une étude menée en 2015-2016[42], l'adoption des programmes de Novossibirsk et Tomsk a permis de mettre en lumière un sentiment de « malaise » entre les acteurs locaux et ceux du Centre : que cela soit dans des infrastructures privées, publiques ou parapubliques, de nombreuses personnes interrogées ont reconnu leur difficulté à comprendre la logique de long terme d'une fusion de deux secteurs relativement distincts dans un seul et même programme sans consultation ni justification de la part de « Moscou » auprès des acteurs locaux concernés. À ce sujet, un fonctionnaire local à Tomsk relevait : « Ici, le cluster s'est concrétisé de cette manière, en 2012, nous avons déposé deux demandes : l'une dans la pharmaceutique et les équipements médicaux, et l'autre dans la technologie de l'information et l'électronique, c'est-à-dire deux groupes de travail différents ont écrit deux demandes différentes. Le ministère du Développement économique n'a pas suivi... car la pharmaceutique avait un classement particulièrement élevé dans la compétition. Mais les technologies de l'information se sont retrouvées en quelque sorte finalement intégrées et le ministère du Développement économique a simplement décidé de ne pas distinguer quel secteur était le plus performant [...] et le ministère du Développement économique a dit : vous combinez ici ces deux domaines, cela peut paraître de votre point de vue, des secteurs très différents, mais on nous a recommandé de les fusionner et maintenant nous essayons tant bien que mal de les coordonner, pour que d'une façon ou d'une autre l'ingénierie [pharmaceutique] et les technologies de l'information puissent interagir, et nous avions aussi essayé d'interagir sur

[42] L'étude en question a été menée dans le cadre d'un travail de recherche doctorale dans la thèse : Pôles territoriaux d'innovation et modernisation économique, la politique des « clusters territoriaux d'innovation » en Russie (Auteur : Guillem Achermann, thèse soutenue le 17 janvier 2017 à Lille). L'enquête de terrain a permis de cibler et d'interviewer (questionnaire ouvert) 60 personnes dans les oblasts de Novossibirsk et Tomsk entre 2015 et 2016.

les technologies de l'information [...] Autrement dit, quand on a formalisé le cluster, nous n'avons pas au début essayé de les associer, ça s'est fait comme ça ». Du fait du manque de dialogue inter-acteurs une fois les programmes validés par l'État central, de nombreuses questions de la part des acteurs locaux sont restées sans réponses. Un entrepreneur de Tomsk remarquait : « Je vois que dans ce « panier », ou plutôt dans l'idée d'un cluster, du développement d'un cluster, on récupère tout : une mode quelconque est apparue, et tout le monde fonce tête baissée, et une fois que tout le monde est réuni, qui plus est venu de tous les domaines, voilà les TI [technologies de l'information] qui se pointent. Elles sont multiples, il y a beaucoup d'axes à l'intérieur, et voilà que quand tous ces axes vont dans la même direction, en plus on nous rajoute la pharmaceutique et la médecine, c'est vraiment une construction bizarre, ce que je veux dire par là, c'est qu'il y a d'autres formes plus efficaces quand on essaye de réunir des entreprises très spécialisées ou disons-le ainsi pas très diversifiées. On aurait pu concentrer tout ce potentiel de compétences valorisables, dans le cadre par exemple de la fabrication de matériel médical... comment ils [la pharmaceutique et les technologies de l'information] peuvent interagir ? Je ne sais pas. Nos activités ne se recoupent absolument pas, nos clients sont différents, en gros, tout est différent ». En prenant la décision unilatérale de fusionner deux secteurs sans consensus parmi les différents acteurs-clés de la gouvernance locale de Novossibirsk et Tomsk, le gouvernement russe sous-estime les effets rétroactifs négatifs se répercutant sur l'architecture organisationnelle des territoires, c'est-à-dire les « lock-in » territoriaux. En effet, l'abandon du dialogue entre les divers acteurs locaux et l'État central au profit d'interactions limitées appelle une pluralité d'acteurs territoriaux locaux à douter de la capacité de l'État à tisser une relation constructive (ou de long-terme) entre le Centre et les régions. De fait, sans la possibilité pour les acteurs territoriaux à renouer un dialogue avec l'État une fois la stratégie de développement territorial définie, la « construction » du territoire n'est plus vraiment endogène et l'intensité des « lock-in » territoriaux peut vite augmenter.

Selon Torre & Beuret (2012), la réussite d'un processus de transformation territoriale résulte de « l'acceptation des règles du jeu » par l'ensemble des acteurs territoriaux et de la « désignation des acteurs [...] qui vont mettre en œuvre les projets de territoires et l'éventuel processus de développement, en discuter et se partager les bénéfices éventuels » (p.30). Si la politique d'intégration de « clusters territoriaux d'innovation » dans les territoires de Novossibirsk et Tomsk avait à première vue bien défini les règles du jeu, une analyse plus approfondie montre que de nombreuses entreprises n'avaient pas complètement appréhendé l'importance de la dynamique collective de la « construction » territoriale. Ainsi, en interrogeant les entreprises de Novossibirsk et Tomsk sur les motivations qui les ont conduites à intégrer le « cluster territorial d'innovation », nombreuses sont celles qui ont fait référence aux liens forts avec certains acteurs territoriaux locaux : « globalement, la raison principale [d'intégrer le cluster] était de soutenir Irina Travina, qui a pris elle-même la responsabilité de l'organiser, c'est-à-dire que notre entreprise, et moi aussi personnellement, nous sommes depuis longtemps dans [l'association] Akademsoft, qu'elle a initié, et le résultat pour nous tous de son activité, on le ressent bien tout le temps. En ce sens, c'est une personne à sa place, et de fait, quand elle a lancé cette initiative, à savoir d'essayer de monter ce projet de cluster, j'étais prêt à la soutenir ». Figure aussi l'idée du « au cas où » (c'est-à-dire au cas où des externalités positives émergeraient du « cluster territorial d'innovation ») : « comment dire, à la pointe de toutes les nouvelles tendances, et en termes de visées pour l'avenir, quand je comprends vraiment que, oui, c'est maintenant que pour moi ça devient intéressant, pour ne pas qu'il soit trop tard, disons-le ainsi, nous serions déjà lancés, c'est-à-dire en termes de perspectives possibles, perspectives que je ne vois pas pour l'instant ». Ont encore influencé leur décision le mimétisme (pour ne pas être exclus des dynamiques territoriales) : « exclusivement pour être dans la tendance, dans l'atmosphère du moment, rien de plus », voire le hasard : « pour participer à plusieurs programmes de soutien étatique, il nous fallait absolument être membre du cluster, voilà pourquoi on s'est inscrit là-bas. Sans même regarder qu'être membre du cluster, c'est un coût et que les financements là-bas sont minimes. Nous nous sommes inscrits, pour être sincères, pour cette raison. On peut bien sûr dire, que conscients des avantages nous avons décidé de nous y inscrire, mais en fait, on nous a dit : « les gars, si vous voulez participer [à ces programmes de soutien étatique], vous devez être membre [du cluster] » et nous sommes devenus membre ». De fait, l'acceptation des règles du jeu relatives à la gouvernance locale s'est formulée sur la base d'un accord tacite entre les différents acteurs territoriaux concernés par la politique des « clusters territoriaux d'innovation

», mais pas directement concernés par une stratégie de valorisation collective des atouts productifs locaux (« réservoir » de connaissances, organisation territoriale spécifique, secteurs d'activités à fort potentiel, etc.). Dès lors, le choix de l'État à accélérer les décisions en matière de formalisation du « cluster territorial d'innovation » apparaît comme une volonté étatique de négocier avec des acteurs territoriaux qu'il considère comme les plus influents à un moment donné. Cette configuration des échanges entre l'État et ces acteurs locaux n'est pas sans fragiliser les réseaux d'acteurs et d'agents économiques locaux relativement réticents à toute réorganisation territoriale initiée et réalisée verticalement, et a posteriori, à (re)donner du poids à l'État dans le développement économique local. Dans ce contexte, l'« interface » locale avec qui l'État s'efforce de « construire » le développement territorial ne procède pas des dynamiques de gouvernance inclusive, mais d'une relation impulsée par l'État entre une minorité d'acteurs locaux et l'État central.

Dans ce contexte, la « désignation des acteurs » de la gouvernance locale (Torre & Beuret, 2012) tend à privilégier « la mobilisation des porteurs d'idées aux dépens de la représentativité » (Ibid, p.31). De fait, si l'élaboration de différents projets communs proposés par divers groupes d'acteurs territoriaux dans le cadre de la rédaction des programmes des « clusters territoriaux d'innovation » permet à l'État de sélectionner des systèmes productifs locaux et des porteurs de projets, cela ne veut pas pour autant dire que l'ensemble des organisations ou entreprises « motrices » locales est représenté dans le processus de décisions relatif au développement territorial. Dans le cas de Novossibirsk et Tomsk, de nombreuses personnes interrogées dans le cadre de l'enquête de terrain ont relaté les intérêts divergents et de court terme des acteurs territoriaux concernés par la rédaction du programme. Les multiples tensions générées à l'échelle de ces deux territoires peuvent traduire un processus de sélection des acteurs de la gouvernance locale. Les acteurs sélectionnés se révèlent être les plus habiles à valoriser auprès de l'État central (ou du système Centre-régions) des intérêts communs et complémentaires. Un entrepreneur de Novossibirsk résumait ainsi sa perception : « les clusters sont, selon mon point de vue, quelque chose comme des organisations initiées par un groupe de personnes intéressées, qui les utilisent dans leur propre intérêt, mais une réelle utilité [pour les entreprises locales], ils n'en apportent pas ». Bien que les conflits soient quasi inhérents aux dynamiques territoriales (Torre, 2006), cette « désignation des acteurs » dans ces deux territoires accroît l'intensité des asymétries de proximités territoriales. Il est dès lors possible d'observer les prémisses d'une gouvernance de type « noyau » qui favorise une « situation de pouvoir asymétrique, ou bien à l'intérieur de laquelle quelques entreprises noyau conditionnent à elles seules l'existence de plusieurs autres » (Storper & Harrison, 1992, p.274 ; Carluer, 2004, p.183). En effet, de nombreuses personnes interrogées à Novossibirsk et à Tomsk ont précisé ne pas comprendre (même a posteriori) sur quels critères (ou sur la relation entre critères fixés et objectifs de long terme) les projets communs étaient validés, formulant autant de doute à l'échelle locale envers la capacité de l'État à favoriser une gouvernance territoriale inclusive (quelque soit son niveau), à impulser des projets territoriaux de long terme et à soutenir les systèmes productifs locaux dans leurs efforts à générer des dynamiques d'innovation.

Si la politique des « clusters territoriaux d'innovation » dans les territoires de Novossibirsk et Tomsk peine à encourager des dynamiques de gouvernance inclusive, la valorisation des atouts territoriaux est-elle pour autant inefficace ? N'est-ce pas une illusion d'observer dans l'émergence d'une gouvernance locale inclusive une équation institutionnelle qui permettrait à un grand nombre d'acteurs locaux d'influencer la trajectoire évolutive de leur territoire ? Si la sélection par l'État d'une minorité d'acteurs locaux dans les projets relatifs aux « clusters territoriaux d'innovation » peut accélérer le rythme de modernisation de certaines infrastructures des systèmes productifs locaux (entreprises, universités, centres de recherche, etc.), elle tend aussi à sous-estimer les mécanismes organisationnels relatifs au concept de « cluster territorial d'innovation », à savoir la présence de mécanismes de coordination et de coopération spécifiques entre acteurs du cluster ainsi que les effets de synergie qu'ils peuvent générer dans le temps. Car pour voir émerger un milieu innovateur, la réunion localisée d'acteurs stratégiques (entreprises, universités, centres de recherche, associations, etc.) prédéfinis ne suffit pas, il est nécessaire aussi que le système territorial d'innovation demeure « ouvert » sur l'extérieur, c'est-à-dire qu'il puisse créer continuellement des dynamiques centrifuges (de diffusion de l'information et de connaissances) et centripètes (d'attractivité d'entreprises et entrepreneurs, de constitution et d'enrichissement d'un « réservoir » de connaissances) (Tanguy & Uzunidis, 2016). Au regard de l'étude menée à Novossibirsk et à Tomsk, le rôle de l'État ne se résume plus (une fois le « cluster territorial d'innovation » formalisé) à celui d'un acteur territorial pivot co-participant à la « construction » territoriale, mais à celui d'un acteur territorial « structurant » la « construction » du territoire. De fait, en structurant l'architecture productive locale, l'État cible des acteurs productifs locaux avec qui il peut s'assurer que les décisions prises par le Centre puissent être appliquées (soit des acteurs productifs locaux qui peuvent difficilement, voire qui ne peuvent pas, « déserter » le territoire du fait de leur taille et de leur poids dans les circuits socio-économiques locaux). L'action « restructurante » des territoires de Novossibirsk et Tomsk par l'État ne traduit pas pour autant une « construction » territoriale exogène, car divers acteurs locaux ont aussi une influence sur la nature des projets de développement territorial menés. Elle révèle plutôt une volonté du Centre de limiter le « pouvoir de périphérie » (Grémion, 1976) des régions russes en permettant à certains acteurs productifs locaux (entreprises, universités, etc.) et à certains systèmes productifs locaux (dans le cas de Novossibirsk et Tomsk, relevant de la biopharmacie et des technologies de l'information) de prendre du poids dans les dynamiques de gouvernance locale (soit concrètement de réduire le poids des acteurs des industries d'extraction et de transformation des ressources naturelles dans la gouvernance locale). La valorisation du « réservoir » de connaissances accumulées jusqu'alors par la politique des « clusters territoriaux d'innovation » ne cible donc pas un territoire ou des systèmes productifs locaux en particulier, mais une minorité d'acteurs territoriaux locaux ayant pu, lors du processus de rédaction des programmes, tisser un lien étroit avec l'État central. Dans une perspective systémique où ce ne sont pas seulement les entreprises, mais les territoires (soit les systèmes territoriaux d'innovation) qui innovent, la valorisation d'atouts territoriaux par une minorité d'acteurs recherchée par l'État est à mettre en parallèle avec la performance de la politique territoriale d'innovation dans la résilience territoriale : quel devient le rôle dans la gouvernance locale de la majorité d'acteurs locaux exclus des projets communs du programme ? Quelle est l'influence de cette nouvelle configuration de la gouvernance locale sur les proximités territoriales ? Quels sont les effets rétroactifs sur la compétitivité des territoires ?

Dans le cas de Novossibirsk et Tomsk, le programme officialise et légitimise la relation entre une minorité d'acteurs locaux choisie pour réaliser les projets communs du programme et l'État, et appelle la majorité des acteurs locaux à s'intégrer aux nouvelles dynamiques organisationnelles initiées par le biais de l'entreprise gestionnaire, soit la structure coordinatrice du « cluster territorial d'innovation » à Novossibirsk et à Tomsk. Les entreprises gestionnaires, infrastructures clés des « clusters territoriaux d'innovation », permettent théoriquement de centraliser les différentes initiatives locales (de la part des organisations privées / publiques du cluster) et d'accélérer l'émergence des dynamiques d'innovation au travers d'une série de propositions mentionnées dans le programme (conférences, forums, cycles de formation, etc.). Cependant, les acteurs locaux non intégrés aux projets communs avaient toutefois du mal à comprendre le rôle de l'entreprise gestionnaire : un entrepreneur de Tomsk, bien que considérant que l'entreprise gestionnaire avait théoriquement sa place, relevait son inefficacité : « dans l'état actuel dans lequel elle [l'entreprise gestionnaire] fonctionne, [elle ne peut] pas [nous aider] » ; un entrepreneur de Novossibirsk pointait de son côté le non-professionnalisme des cadres dirigeants de l'entreprise gestionnaire : « je crois qu'ils [les personnes dirigeantes de l'entreprise gestionnaire] sont, tout d'abord, incapables d'aider, et d'autre part, ils ne sont absolument pas nécessaires, c'est-à-dire qu'elle [l'entreprise gestionnaire] est un intermédiaire en trop » ; un autre entrepreneur de Tomsk y voyait un acteur territorial complexifiant les solutions à des problèmes locaux : « c'est plus simple de résoudre [des problèmes] autrement, c'est-à-dire plus simple de les résoudre par son réseau, que d'utiliser cet instrument [l'entreprise gestionnaire], je ne sais pas comme il fonctionne » ; un autre entrepreneur de Tomsk reconnaissait ne plus comprendre les objectifs annoncés du « cluster territorial d'innovation » : « Ici, ils [les cadres dirigeants de l'entreprise gestionnaire] réunissent les gens : nous faisons une réunion, venez. Je me déplace comme un idiot d'un bout à l'autre de la ville, ils sont là au sommet de leur immeuble, et ils commencent à parler des vaisseaux spatiaux et de l'immensité de l'univers, rien de concret. Nous sommes restés 2 heures durant, à parler de rien pour qu'ils puissent cocher sur leur rapport : il y avait des entreprises, nous sommes tous super, on a organisé une rencontre. Ils ont sans doute reçu de l'argent pour ça [...] Autrement dit, ils sont peut-être super, mais moi, je n'en tire rien. Toutes mes initiatives ont été pratiquement réduites à néant. Moi qui pensais que le cluster est une organisation qui soutient le développement de l'industrie des technologies de l'information. Nous avions donc à Tomsk des objectifs complètement différents et ils n'ont pas l'intention de nous soutenir, à part organiser des petites formations, après avoir mendié 100 000 misérables roubles. Toutes les initiatives restantes ont été reportées, puis il y a eu un concours de projets innovants pour les membres du cluster, on est venu, on a candidaté, ou plutôt, on nous a dit « merci, au revoir », c'est-à-dire que les projets gagnants, disons-le de manière délicate, étaient selon mon point de vue, pour le moins très discutables. Je n'ai pas très bien compris la logique pour être honnête. Donc, à part l'agacement, la perte de temps, et ces misérables 100 000 roubles, pour lesquels il a fallu ramper, mendier et écrire une montagne de papiers, je n'ai encore rien vu d'un cluster » ; un autre entrepreneur de Tomsk considérait que l'entreprise gestionnaire se révèle être un frein au fonctionnement du « cluster territorial d'innovation » : « Nos propres efforts, une multiplicité de projets, d'idées contribuent à développer assez activement notre entreprise. Nous n'avons vraiment aucun temps libre. En ce sens, nous avons essayé pendant deux ans à jouer à ces jeux avec l'État, mais je peux te dire qu'il y a à peine une semaine l'entreprise gestionnaire de Tomsk m'a appelé, et je leur ai dit que nous étions fortement décidés à sortir de cette organisation. Parce que je ne vois pas pour nous-mêmes de sens à rester là-dedans, nous ne voyons pas de résultats concrets, nous n'avons rien eu depuis deux ans, donc rester dans cette organisation plus longtemps, nous n'en avons pas l'intention ». Dans ce contexte, les acteurs locaux exclus des projets communs du programme peinent à profiter des effets redistributifs de la politique territoriale d'innovation (cf. Encadré n°7).

Encadré n°7 : L'intégration locale du « cluster territorial d'innovation » dans les territoires de Novossibirsk et Tomsk

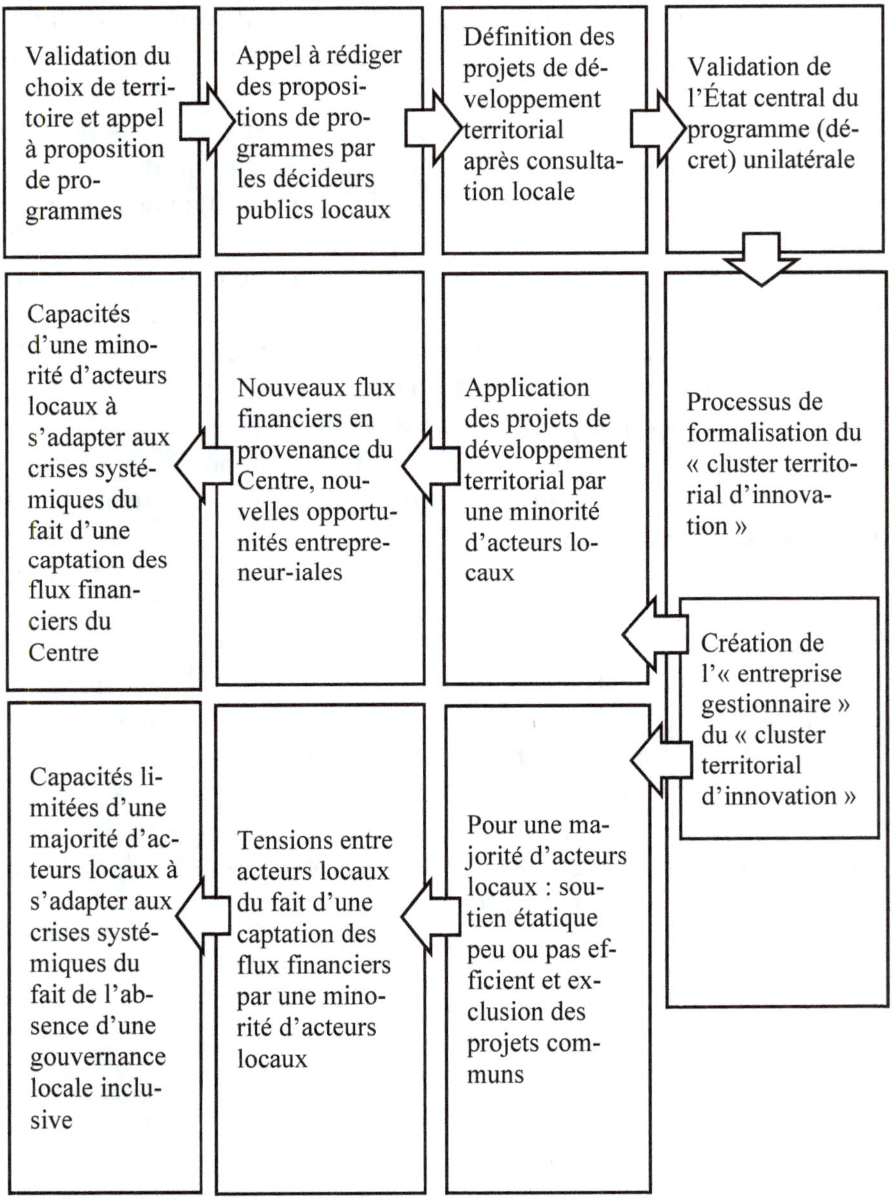

Le « malaise » créé par la décision unilatérale de l'État central de réunir sans justification deux systèmes productifs locaux (la biopharmacie et les technologies de l'information) dans les territoires de Novossibirsk

et Tomsk ajouté au rôle « défaillant » de l'entreprise gestionnaire du « cluster territorial d'innovation » perçu par une majorité d'acteurs locaux peut laisser penser que les « clusters territoriaux d'innovation » de ces deux régions sont des « coquilles » vides. Pourtant, certains acteurs locaux (une minorité) profitent pleinement de cet outil de réorganisation des dynamiques territoriales en participant à l'élaboration et la sélection des projets communs du programme en étroite collaboration avec l'État. Un entrepreneur de Tomsk insistait sur le caractère « décisif » que pouvait avoir le soutien étatique, par le biais du « cluster territorial d'innovation », sur la performance des entreprises : « on est entré dans une petite pièce, où nous nous sommes assis pour discuter à côté d'un instrument, voilà, cet instrument coûte 700 mille euros [...] C'est le meilleur instrument du monde pour ce travail, c'est un spectromètre de masse en tandem par chromatographie liquide du leader du secteur Sciex, rien de meilleur dans le monde n'a été réalisé. Et nous n'aurions jamais pu l'acheter avec notre budget, parce qu'on ne l'a pas, une entreprise qui travaille dans une niche de R&D ne peut pas avoir ce genre de budget, c'est inconcevable au vu de ses caractéristiques. Tout l'argent est dans les projets. Grâce au fait que nous sommes dans le cluster, nous avons pu convaincre la direction du cluster qu'il y a un goulot d'étranglement dans le développement du cluster pharmaceutique, qui sans s'agrandir, même en renforçant le cluster, ne peut contribuer à son développement. Il [le cluster] se serait dissous en raison de ce goulot d'étranglement, mais nous avons su les convaincre. Nous avons démontré que l'un des goulots d'étranglement était l'absence à Tomsk d'un tel instrument ». Si certaines entreprises locales réussissent à réduire ponctuellement les asymétries des proximités territoriales et profiter des effets directs de l'intégration du « cluster territorial d'innovation », une majorité d'entreprises de Novossibirsk et Tomsk considèrent que leurs efforts pour réduire ces asymétries sont vains dès que l'État cesse de jouer son rôle d'acteur pivot du développement territorial, c'est-à-dire qu'il néglige la dynamique inclusive de la gouvernance locale. Mais le soutien (financier, organisationnel, juridique, etc.) apporté par l'État central à une minorité d'acteurs territoriaux « moteurs » peut théoriquement créer des effets redistributifs localisés (nouvelles opportunités entrepreneuriales, augmentation des contrats de sous-traitance, création de nouvelles entreprises, etc.). Cependant, sans un cadre institutionnel relativement stable et une cohésion des proximités territoriales, ces effets redistributifs sont souvent limités (Guellec, 2001).

Par ailleurs, dans le cas des territoires de Novossibirsk et Tomsk, les effets redistributifs des projets communs du programme étatique sont particulièrement difficiles à apprécier du fait des enjeux liés au partage des bénéfices de la propriété intellectuelle dans un environnement institutionnel d'un projet collectif entre une pluralité d'acteurs territoriaux locaux.

À l'échelle de la gouvernance locale, il est possible de remarquer que la minorité d'acteurs territoriaux bénéficiant des projets communs peut renforcer son influence dans la trajectoire du territoire. En effet, les territoires de Novossibirsk et de Tomsk englobent une pluralité de secteurs (nucléaire, aérospatial, industrie des céramiques, etc.). La politique des « clusters territoriaux d'innovation » axée sur les secteurs de la biopharmacie et les technologies de l'information peut dès lors donner un poids significatif à certains acteurs locaux (et leur système productif local) dans la gouvernance locale du territoire. Ce poids dans la gouvernance locale n'empêche pas la minorité d'acteurs locaux participant aux projets communs de favoriser des dynamiques de gouvernance inclusive une fois le « cluster territorial d'innovation » formalisé à l'intérieur de leur système productif local. Cependant, penser le territoire comme une « construction » collective n'est pas intuitif, il est nécessaire de l'apprendre, c'est-à-dire dans le cas russe d'abandonner l'idée que l'innovation est un processus limité à une minorité d'acteurs locaux recevant une aide financière, organisationnelle, juridique, etc. ciblée du Centre, mais d'appréhender l'innovation comme un processus non-linéaire englobant une majorité d'acteurs locaux et étroitement lié aux spécificités organisationnelles du territoire local. Le territoire est ici plus qu'un socle des activités productives, il est le lieu d'ancrage d'une diversité d'acteurs territoriaux qui ont des liens spécifiques entre eux et avec l'extérieur qu'ils mobilisent pour favoriser autant l'accumulation localisée de connaissances que l'émergence de dynamiques collectives d'innovation. En ciblant non plus une minorité d'acteurs productifs locaux sélectionnés pour leurs actifs productifs, mais le tissu productif local dans son ensemble par le biais d'une stratégie pro-active de la part des décideurs publics, l'État peut décupler les effets redistributifs de la politique territoriale d'innovation et contribuer indirectement à l'émergence d'un « territoire d'innovation ». Mais cet apprentissage, relevant de la nécessité d'une « construction » collective du territoire pour s'adapter aux crises systémiques, peut paradoxalement en Russie être freiné par des décideurs publics locaux. En effet, l'organisation territoriale russe est structurée par un système Centre-régions qui génère une évolution aléatoire des rapports de force. Dans ce contexte, les décideurs locaux peuvent avoir intérêt à reporter l'échec d'une construction collective du territoire sur un problème de coordination Centre-régions pour exercer un pouvoir de périphérie. Autrement dit, les décideurs publics locaux choisissent d'exercer leur « pouvoir périphérique » sur le Centre plutôt que d'opérer une stratégie de développement territorial du « local » par le biais d'un soutien du Centre. Cette stratégie de court terme observée par les décideurs publics locaux est difficile à mettre en évidence empiriquement. Cependant, dans un système Centre-régions, « le contrôle périphérique de l'appareil administratif de l'État n'est pas seulement mesurable par l'écart très grand qui existe entre les dispositions prises par le sommet et leur application à la base, il s'exprime aussi par le faible degré d'innovation dont les organisations administratives [locales] [...] sont capables » (Grémion, 1976, p.305). Dans le cas de Novossibirsk et Tomsk, l'étude menée dans ces deux territoires a permis de repérer ce faible degré d'innovation dans l'application « à la lettre » du programme par les autorités locales. En effet, de nombreuses entreprises interrogées ne comprenaient pas la nécessité de remplir une multitude de documents statistiques pour l'entreprise gestionnaire des « clusters territoriaux d'innovation » de Novossibirsk et Tomsk quand les effets dudit cluster n'étaient pas visibles, d'où le peu d'intérêt à remplir assidûment les questionnaires : « Bon, là-bas, ils « grattent du papier » en raison des exigences de l'État, leurs enquêtes nous cassent la tête. Environ 2-3 enquêtes par an peut-être, en plus pas de petites enquêtes [...] la régulation de l'État n'est pas effective dans ce contexte, les intérêts sont autres [...] ils [les cadres dirigeants de l'entreprise gestionnaire] s'occupent de l'attribution des fonds, ils ne gagnent pas leur vie avec » relevait un entrepreneur de Tomsk. Recontextualisée dans la perspective du système organisationnel Centre-régions, la logique des questionnaires de l'entreprise gestionnaire des « clusters territoriaux d'innovation » de Novossibirsk et Tomsk et les réticences des autorités locales à renouer avec une gouvernance locale inclusive une fois le « cluster territorial d'innovation » formalisé deviennent plus claires. Car « plus le centre édicte des règles pour contrôler les échelons périphériques, plus les interstices de l'édifice réglementaire acquièrent une valeur stratégique pour les acteurs locaux et plus la négociation autour de la règle leur devient essentielle [...] La neutralisation du centre se mesure ainsi à l'ampleur des contre-effets périphériques des mesures qu'il promulgue » (Grémion, 1976, p.250). D'où d'un côté, des décideurs publics locaux (du système Centre-régions) insistant sur la collecte de questionnaires auprès des membres enregistrés par l'entreprise gestionnaire (car devenant stratégiques dans les rapports de forces Centre-régions) et de l'autre, des organisations locales (hors système Centre-régions) ne comprenant pas la logique des décideurs publics locaux (du système Centre-régions) à réduire l'appréciation de la performance du « cluster territorial d'innovation » à une collecte de questionnaires remplis souvent de manière peu appliquée.

> « *Si le processus de concertation est mal maîtrisé, il existe un risque de paralysie ou de formalisation d'idées trop confuses pour apparaître comme l'expression d'une véritable politique publique. Le problème est de savoir comment afficher une politique forte, qui n'apparaisse pas comme l'expression du pouvoir régalien de l'État, mais qui associe l'ensemble des parties concernées par son élaboration* »
> (Loinger, 1998, p.36).

III] Les entreprises innovantes dans l'économie territoriale russe

1. Les « clusters territoriaux d'innovation » : bilan, perspectives et limites

Si en précipitant les dynamiques de gouvernance locale, c'est-à-dire en formalisant le « cluster territorial d'innovation », les administrations centrales ont sans aucun doute des raisons légitimes pour accélérer le processus de modernisation des systèmes productifs locaux des territoires (tels la priorité donnée à certains secteurs d'activité à haute valeur ajoutée, le rééquilibrage du système productif, le soutien à des universités et centres de recherche nationaux, etc.), l'innovation, appréhendée comme le résultat de diverses et multiples interactions systémiques de nature à recombiner les dynamiques productives, ne se décrète cependant pas (Aydalot, 1986). En effet, l'innovation est un processus complexe qui nécessite une cohésion entre proximités territoriales qui ne peut émerger sous l'impulsion unique de l'État central : les multiples acteurs du « local » sont partie intégrante de ce processus et l'exclusion d'une majorité d'acteurs locaux de la gouvernance locale promouvant les initiatives étatiques peut freiner l'émergence et/ou le renforcement d'un milieu innovateur. Car les systèmes territoriaux d'innovation sont des systèmes institutionnels particulièrement sensibles aux processus de création et/ou de renforcement des repères institutionnels qui influencent la perception par les agents économiques des possibilités et contraintes dans l'évolution du milieu local. Au regard de l'introduction de « clusters territoriaux d'innovation » dans les territoires de Novossibirsk et de Tomsk, la modernisation des régions russes est étroitement liée aux dynamiques évolutives de la gouvernance locale. C'est en effet, au travers de la gouvernance locale que de nouveaux repères institutionnels peuvent émerger, se renforcer, mais aussi que d'autres repères institutionnels peuvent se perdre (remplacés par de nouveaux) ou se retrouver a posteriori (en cherchant dans l'histoire locale passée). Les repères institutionnels des acteurs territoriaux sont appréhendés ici comme les informations que détiennent les acteurs d'un territoire pour s'orienter et participer (à des intensités très variables) aux dynamiques évolutives des territoires.

Pour ce qui est des territoires de Novossibirsk et Tomsk, les repères institutionnels des acteurs territoriaux évoluent autant par l'influence de l'histoire locale et de l'analyse qui en est faite (ici le développement socio-économique de la Sibérie occidentale, mais aussi du territoire national, quelle que soit l'évolution de leurs frontières dans le temps) que les pratiques et valeurs communes forgées par les dynamiques institutionnelles sur différentes échelles de temps (englobant autant la fin de la période soviétique que l'ensemble de la période post-transitionnelle). Ces repères institutionnels sont souvent de véritables « balises » pour des agents économiques en quête d'une capacité à s'adapter plus rapidement à leur environnement institutionnel perçu comme « instable » et aux crises systémiques qu'il génère. De fait, la mobilisation de ces repères suppose des effets multiples : ils peuvent autant encourager que freiner la valorisation du « réservoir » de connaissances accumulées localement, le renforcement de la cohésion des proximités territoriales, l'émergence de comportements créatifs propres aux dynamiques évolutives d'un milieu innovateur, etc. Plus l'intensité et la multiplicité des crises systémiques sont fortes, plus ces repères institutionnels sont divers. La formation de ses repères se complexifie sous l'impulsion des tentatives de réorganisation institutionnelle des acteurs territoriaux. Les agents économiques mobilisent la dynamique de réseau, concrètement une diversité de réseaux, pour valider ou invalider les repères institutionnels dont ils font usage dans le temps. Mais ce processus de redéfinition des repères institutionnels ne débouche pas toujours sur un consensus de la part des agents économiques et peut freiner les initiatives locales contribuant à l'émergence d'un milieu innovateur. Pour exemple, le repère institutionnel qu'est l'héritage territorial continue aujourd'hui d'être soumis à diverses interprétations de la part des agents économiques de Novossibirsk et Tomsk et souligne de fait toute la complexité des dynamiques institutionnelles locales. En effet, l'héritage territorial demeure une variable ambiguë au regard des personnes interrogées à Novossibirsk et à Tomsk : ces dernières présentent l'héritage soviétique local comme producteur d'une spécificité territoriale locale unique – la cité scientifique d'Akademgorodok à Novossibirsk, la forte concentration de chercheurs en un même lieu ou le boulevard Lénine rassemblant six universités à Tomsk, l'atmosphère scientifique territorialisée dans les deux villes, etc. – à l'origine d'un fort potentiel d'innovation territorialisé. Cependant, se référer à l'époque soviétique, vingt-cinq ans après sa fin, peut aussi être analysé comme l'aveu d'une incapacité à valoriser cet héritage territorial. En effet, « l'inertie structurelle (au sens [...] de structure formelle et informelle) [...] de tout espace d'action organisé est grande. Elle se nourrit de l'ambiguïté du contexte comme des leçons de l'expérience qui peuvent pendant longtemps (trop longtemps) être interprétées par les acteurs dans le sens des intérêts et des enjeux de la « coalition dominante » jusqu'à ce qu'il soit trop tard » (Friedberg, 1997, p.346). De fait, il s'agit de distinguer la « nostalgie » d'une histoire locale passée (dimension statique) d'une « mémoire collective » (ou mémoire territoriale) qui peut renforcer la capacité des entreprises à innover sur la base des acquis organisationnels et cognitifs de la période soviétique (dimension dynamique). En effet, d'un côté les agents économiques interrogés parlent de « potentiel d'innovation » localisé et de l'autre disent que ce potentiel résulte essentiellement de la période soviétique. Les 25 années passées (entre la fin de l'URSS et aujourd'hui) n'apparaissent pas dans les propos tenus par les personnes interrogées comme une partie intégrante de cet héritage valorisable. Cela peut s'expliquer par la difficulté des agents économiques à se forger des repères institutionnels communs sur la période post-soviétique. L'anthropologue Gessat-Anstett (2007) explique cette difficulté par le caractère uchronique du discours mémoriel des agents économiques post-soviétiques. En relatant, interprétant et combinant divers événements éparpillés sur différentes périodes de temps dans leur discours narratif, les agents économiques post-soviétiques s'affranchissent souvent d'une réalité des faits – favorisant un temps « non-présent » qui contribue à faire exister une histoire collective en dehors du temps, malgré les incohérences du discours narratif – tout en éludant une possible responsabilité individuelle et collective dans la succession d'événements passés à l'échelle locale. En ce sens, la « coalition dominante » citée par Friedberg (1997) peut désigner en Russie les acteurs clés du système Centre-régions qui autant à l'échelle du Centre que dans les territoires régionaux critiquent ouvertement le peu ou l'excès de centralisation – découlant selon leurs discours directement de l'héritage soviétique – dans laquelle ils évoluent sans expliciter les rapports de force à l'œuvre. En effet, vu du Centre, ces acteurs s'empressent de comparer les initiatives régionales à des stratégies de déstabilisation des dynamiques institutionnelles nationales quand vu des régions, ces mêmes acteurs n'ont aucun intérêt à partager leur « pouvoir de périphérie » avec d'autres acteurs locaux hors système Centre-régions. Parallèlement, ces acteurs-clés présentent l'héritage soviétique comme une variable clé de la compétitivité des acteurs productifs locaux (centres de recherche, universités, entreprises, etc.). Ces discours contradictoires perturbent la relative stabilisation de nouveaux repères institutionnels à l'échelle locale.

Dans un contexte où les agents économiques peinent à sortir d'une approche « nostalgique » de leur héritage territorial pour préférer une approche promouvant la valorisation des atouts (matériels et immatériels) territoriaux hérités (autant de la période soviétique que post-soviétique), la politique des « clusters territoriaux d'innovation » a-t-elle eu un impact (direct et/ou indirect) sur la constitution et/ou la stabilité de repères institutionnels émergeant à l'échelle locale ? Cette politique a-t-elle encouragé les agents économiques à se réapproprier leur héritage territorial ? Cette réappropriation locale peut-elle s'affranchir des rapports de forces propres au système Centre-régions ? Si oui, la majorité des acteurs locaux exclus de la gouvernance locale des « clusters territoriaux d'innovation » peut-elle jouer le rôle de « relais » dans la constitution et/ou la stabilité des repères institutionnels ? La politique des « clusters territoriaux d'innovation » avait pour objectif initial de restructurer les dynamiques organisationnelles par le biais d'une gouvernance inclusive – soit une implication participative croissante de la part des acteurs locaux aux dynamiques territoriales – pour renforcer la compétitivité des territoires. Même si le cas de Novossibirsk et Tomsk n'est pas représentatif de l'ensemble des territoires introduisant des « clusters territoriaux d'innovation », les initiatives étatiques unilatérales dans ces deux cas montrent que la gouvernance inclusive n'est pas une priorité pour les décideurs publics russes. En effet, une gouvernance inclusive peut redéfinir les rapports de force à l'échelle locale et affaiblir par effet rétroactif les relations inter-acteurs du système Centre-régions. Dans ce contexte, la constitution des repères institutionnels comme leur stabilisation dans le temps s'en retrouvent indirectement fragilisées. En effet, ces repères peuvent ici évoluer, voire changer de signification relativement rapidement. De fait, en Russie, toute initiative extraterritoriale est souvent rapidement perçue par les agents économiques comme un accroissement de l'instabilité institutionnelle locale. Cette perception est d'ailleurs rappelée aux acteurs du Centre par les décideurs locaux pour exercer leur « pouvoir de périphérie ». Parallèlement, les territoires, en tant que systèmes, sont soumis à des phénomènes d'homéostasie territoriale : les phénomènes de « résignation » et de « découragement » (Torre & Beuret, 2012, p.64) des agents économiques ne durent pas indéfiniment, surtout au vu des dynamiques de résilience que les territoires post-soviétiques ont pu observer par le passé et que les agents économiques ont en mémoire. En effet, les agents économiques s'efforcent continuellement de réduire l'incertitude institutionnelle dans laquelle ils évoluent, quitte à redéfinir des repères institutionnels. Ces derniers, alternatifs à ceux de la gouvernance locale des acteurs étatiques du système organisationnel Centre-régions, sont mobilisés pour anticiper l'impact potentiel des nouveaux mécanismes organisationnels sur la trajectoire évolutive des territoires. Ici, il est possible de parler non pas d'une gouvernance locale, mais de gouvernances locales – ou pour reprendre l'expression de Leloup & al. (2005, p.30), des « gouvernances au pluriel » – qui ne sont pas forcément liées entre elles, du moins pas directement. Les acteurs ou groupes d'acteurs territoriaux de ces différentes gouvernances locales mobilisent différemment l'héritage territorial dans le processus de formation et de renforcement de repères institutionnels qu'ils définissent : en fonction des différentes informations et connaissances véhiculées – allant d'un héritage territorial perçu comme « traumatisant » à celui perçu comme détenant des atouts productifs et organisationnels certains – , ces différents noyaux de gouvernance locale sont vecteurs d'une diversité de repères institutionnels. Le territoire russe étant soumis à ces différentes dynamiques de polarisation des noyaux de gouvernances, le processus d'adhésion des agents économiques aux repères institutionnels se complexifie. Dans ce contexte, le processus d'expérimentation (phénomène de « tâtonnements » par essai-erreur) initié par les agents économiques et les acteurs territoriaux peut s'avérer relativement long. En effet, divers processus d'apprentissage territorialisés dans le temps et l'espace se côtoient et se confondent. Cette complexité perçue souvent comme peu intelligible par les agents économiques tend à favoriser l'émergence de repères institutionnels freinant toute impulsion relative à l'évolution du territoire et encourage, par effet rétroactif, la perception d'un héritage territorial russe uniforme et linéaire particulièrement difficile à valoriser.

La fragilisation des repères institutionnels dans les territoires russes n'a pas été impulsée par la politique des « clusters territoriaux d'innovation », elle résulte d'une série d'initiatives étatiques visant la modernisation des territoires (introduction d'outils conceptuels pour valoriser les atouts territoriaux, de nouvelles normes juridiques localisées, de mesures fiscales avantageuses, etc.) et menées par les acteurs du système Centre-régions. Dans ce contexte, ce n'est pas proprement l'outil conceptuel qu'est le « cluster territorial d'innovation » qui est source de tensions territoriales locales, mais l'intégration de cet outil par des acteurs territoriaux privilégiant des stratégies de « contrôle » régional (de la part des acteurs publics du Centre) et de renforcement du « pouvoir périphérique » (de la part des acteurs publics régionaux). Ainsi, même si l'application des programmes intégrant le « cluster territorial d'innovation » dans le territoire est effective, l'objet de la modernisation initiée par les acteurs du système Centre-régions devient secondaire. De fait, l'appropriation du concept de « cluster territorial d'innovation » par les acteurs locaux diffère selon leur appartenance ou non au système Centre-régions. Il est dès lors possible de distinguer un noyau de gouvernance inter-territorial (englobant l'ensemble des acteurs du système Centre-régions) et un ou plusieurs noyaux de gouvernance intra-territoriaux (englobant une pluralité d'acteurs régionaux, à savoir autant ceux du système Centre-régions que ceux localisés dans le système territorial régional). Certains acteurs ou groupes d'acteurs locaux gravitent et/ou sont partie intégrante de différents noyaux de gouvernance. Ces derniers détiennent dès lors un pouvoir local non négligeable pour anticiper les réactions et stratégies collectives des acteurs exclus de la gouvernance des « clusters territoriaux d'innovation » et peuvent les rassembler autour de repères institutionnels dénonçant autant les décisions que les initiatives de l'État russe. Concrètement, ils peuvent les inciter à ne pas chercher à éclaircir et/ou contester l'éviction d'une majorité d'acteurs locaux de la gouvernance des « clusters territoriaux d'innovation ». À l'opposé, moins les acteurs peuvent influencer les différents noyaux de gouvernances d'un territoire, moins ils peuvent rassembler les différents acteurs locaux autour de repères institutionnels (quels qu'ils soient) et de fait influencer la trajectoire du territoire ainsi que leur rôle dans la gouvernance des « clusters territoriaux d'innovation ».

Si en Russie, la gouvernance locale des territoires est fortement influencée par les rapports de force internes au système Centre-régions, l'application des programmes étatiques de développement territorial implique un accompagnement et un suivi par de nouveaux acteurs territoriaux (ou organisations territoriales) pouvant jouer un rôle central dans la performance des systèmes territoriaux d'innovation. En effet, dans la politique des « clusters territoriaux d'innovation », l'entreprise gestionnaire (ou toute organisation analogue) peut théoriquement impulser des interactions à l'origine de nouvelles relations inter-acteurs. Mais dans un contexte territorial où une majorité d'acteurs locaux peine à favoriser l'émergence et le renforcement de repères institutionnels communs, tout « nouvel entrant » ou nouvelles règles (soit de nouvelles formes organisationnelles) peu(ven)t être très rapidement considéré(es) à l'échelle locale comme un risque potentiel de déstabilisation (institutionnelle) exogène du maillage territorial local. Pour se protéger des crises systémiques liées aux effets rétroactifs d'un système institutionnel local relativement fragile, les agents économiques tendent à privilégier la formation et le renforcement d'une proximité cognitive plutôt que ceux d'une proximité organisationnelle. Cette asymétrie des proximités territoriales a pour conséquence de diminuer l'attractivité du système territorial d'innovation. En effet, toute organisation extraterritoriale (investisseur, entreprise, association, etc.) hésite à s'implanter dans un territoire (même détenant des atouts productifs avérés) où les agents économiques tendent à privilégier la coopération informelle à la coopération formelle. Ici la coopération informelle « suppose que les normes sociales sont suffisamment puissantes pour ne pas exiger la mise en place de règles formelles ou de dispositifs contractuels pour inciter les partenaires à agir conformément aux objectifs fixés » quand la coopération formelle « repose sur des systèmes d'incitation et de sanction qui représentent une alternative au contrôle social » (Mendez & Ragazzi, 2008, p.62). Dans une perspective dynamique, la frontière entre la coopération formelle et informelle n'est pas toujours distincte : les deux formes se chevauchent dans le temps et l'espace. En Russie, la préférence des acteurs productifs locaux pour une coopération informelle qui renforce leurs capacités de résilience territoriale révèle que sans un soutien étatique relativement fort – idéalement des dirigeants de l'État central pouvant influencer le système Centre-régions de façon plus ou moins effective – , toute implantation d'une entreprise extralocale est soumise à un risque de rejet du tissu institutionnel local. De plus, quand cette implantation vise à bénéficier des spécificités productives et organisationnelles locales (relatives à la formation des ingénieurs, à l'accumulation localisée de connaissances, au système scientifique régional, etc.), la proximité cognitive et les réseaux d'acteurs qui en découlent ne peuvent générer rapidement des mécanismes de réciprocité et de confiance spécifiques au lieu, soit des mécanismes de coordination indispensables pour accélérer l'émergence de dynamiques d'innovation territoriale. En effet, sans être couplée à une proximité organisationnelle complémentaire pouvant freiner la formation et le renforcement de lock-in territoriaux à l'échelle du système institutionnel local, la sur-proximité cognitive des acteurs locaux contribue à limiter le nombre d'entreprises extralocales cherchant à s'implanter durablement dans le territoire.

Quand il s'agit de s'implanter dans un territoire pour profiter des externalités productives vectrices de dynamiques d'innovation, la nature des dynamiques institutionnelles est la première chose que les entreprises extralocales cherchent à appréhender. En Russie, l'objectif d'une entreprise extralocale est d'anticiper les externalités productives et organisationnelles de la politique des « clusters territoriaux d'innovation » (en matière d'exploitation des externalités territoriales, d'ouverture de nouveaux marchés ou d'avantages fiscaux) pour pouvoir les exploiter au maximum. Cette analyse n'est pas toujours simple à réaliser pour les entreprises extralocales russes qui, en l'absence de garantie institutionnelle (ou d'une cohésion des proximités territoriales), mobilisent abondamment la dynamique de réseau (et surestiment le rôle de la proximité cognitive). Dans ce contexte, les territoires russes peinent à attirer de nouvelles organisations extraterritoriales (investisseurs, entreprises, associations, etc.) (Eckert, 2012). Dans les territoires de Sibérie occidentale, le nombre d'entreprises provenant d'autres régions de Russie reste particulièrement bas (seulement quelques entreprises moscovites ou étrangères ont implanté des filiales pour profiter des externalités productives locales), de même concernant le nombre de cadres (ingénieurs, scientifiques, dirigeants, etc.). C'est d'ailleurs ce que remarque une grande majorité de personnes interrogées à Novossibirsk et à Tomsk : les effets d'attraction des dynamiques de polarisation territoriale des « clusters territoriaux d'innovation » demeurent difficiles à distinguer. S'ils existent, cela peut s'expliquer autant par la nature et le pouvoir de l'acteur qui s'implante que l'exploitation d'un « réservoir » de connaissances territorialisées, souvent sans lien direct avec le « cluster territorial d'innovation ». Ainsi la banque publique « Sberbank », une multinationale russe soutenue par l'État central, a ouvert une filiale à Novossibirsk pour développer et améliorer ses services informatiques bien avant l'intégration du « cluster territorial d'innovation » dans le territoire local.

Mais cette absence d'effets visibles d'attraction territoriale est-elle vraiment liée à l'incapacité des territoires à valoriser leurs atouts productifs locaux ? Ou cache-t-elle des phénomènes d'attraction / dispersion des connaissances plus complexes qui se substituent aux dynamiques de polarisation territoriale traditionnelle (soit ici selon l'approche de François Perroux [1964]) ? Pour répondre à ces questions, il est nécessaire de ne pas sous-estimer ni le rôle de la systémique des territoires ni le poids des aspects structurels de l'économie post-soviétique russe. En effet, si les personnes interrogées à Novossibirsk et à Tomsk n'ont pas ou peu observé d'implantations d'origine extralocale suite à l'intégration d'un « cluster territorial d'innovation » dans le territoire, plusieurs considérations d'ordre structurel peuvent expliquer cette observation :

- Une première explication peut être mise en lumière par l'évolution du marché du travail russe. Ce dernier, bien qu'ayant été libéralisé depuis la transition institutionnelle des années 1990, n'a pas été accompagné par des réformes structurelles du système juridique. De fait, selon le type d'organisation (public, privé), les secteurs et les territoires, le marché du travail n'a pas généré les mêmes dynamiques institutionnelles. Si pour certains agents économiques, le marché du travail post-soviétique a relativement freiné leurs capacités de déplacement, voire les a tout simplement ancré involontairement à un endroit donné du territoire, pour d'autres, n'hésitant pas à initier des dynamiques de « non-retour », c'est-à-dire à déplacer l'ensemble de leur propriété matérielle et immobilière, voire de leurs investissements et/ou activité entrepreneuriale dans la région d'accueil, les possibilités étaient décuplées. Pour Samson & Ternaux (2008), le problème demeure relatif à la nature des relations institutionnelles entre employés et employeurs et ne relève pas forcément des spécificités sectorielles et productives des territoires. Ces auteurs lient les freins à la mobilité des agents économiques aux difficultés d'émergence d'un marché du travail conceptualisé comme « totalement marchand » soit « avec des entrées et sorties relativement libres, dans la mesure du possible » (p.172). Pour Samson & Ternaux (2008), le marché du travail russe se caractérise par la coexistence de deux systèmes de mobilité distincts : le premier relève d'un marché du travail « totalement non marchand » où le travailleur qualifié, en raison des liens d'appartenance à l'entreprise, à ses relations avec sa hiérarchie, ses avantages socio-économiques, etc., ne quitte pas son travail. Le second se réfère à un marché du travail « à moitié marchand » où le travailleur non qualifié quitte son travail en raison de spécificités contractuelles désavantageuses sur le long terme, sans avoir eu le temps de capitaliser sur son expérience professionnelle. Dans ce contexte, les deux systèmes contribuent ensemble à fixer le travailleur, quel que soit son niveau de qualification, en un lieu (ou au sein d'une entreprise) en particulier (Ibid, p.172) et de ce fait dans un territoire donné.

- Une seconde explication est à rechercher dans les processus de constitution des institutions territorialisées. Les dynamiques de coopération formelle et informelle à l'œuvre dans les territoires russes contribuent à favoriser la perception par les agents économiques d'un système institutionnel local producteur à la fois de multiples formes d'incertitudes institutionnelles et de ressources réticulaires pour y répondre. Insérés dans des réseaux de relations localisées qui les protègent de manière plus ou moins effective des crises systémiques des territoires, les agents économiques sont relativement réticents à abandonner un système réticulaire territorialisé pour un autre surtout lorsque le processus d'intégration (dans de nouveaux circuits socio-territoriaux) peut nécessiter une durée de temps relativement longue, voire se révèle impossible à initier (c'est notamment le cas pour des réseaux existants sur la base de relations ethniques). Pour une entreprise extralocale, la principale contrainte à l'implantation dans de nouvelles régions de Russie réside dans la difficulté de redéfinir, dans un temps relativement court, un tissu réticulaire local performant autant pour se protéger des crises systémiques (Corolleur, 2005) que pour renforcer la compétitivité de ses produits et services (par l'exploitation d'un système d'innovation et/ou d'un « réservoir » de connaissances localisées). Dans ce contexte, les capacités financières des entreprises extralocales deviennent secondaires. Car même si des entreprises locales peuvent se spécialiser dans le conseil à l'implantation (pour concrètement faire partager un réseau), les crises systémiques des territoires russes ne sont pas seulement endogènes : multiples et d'intensités diverses, elles peuvent aussi émaner d'externalités relatives à l'organisation territoriale russe (et du système Centre-régions). Ainsi, même si la proximité cognitive inter et intra territoriale est potentiellement forte en Russie, c'est aussi le manque de proximité organisationnelle (pouvant renforcer le système juridique et l'appareil judiciaire) qui fait défaut et dont il est question ici.

Si les « clusters territoriaux d'innovation », en tant qu'outil de modernisation de systèmes productifs locaux, peuvent réunir une diversité d'acteurs territoriaux autour de projets collectifs, il faut encore que les effets redistributifs et les externalités productives soient suffisamment forts et perceptibles pour se diffuser dans l'espace et le temps (force centrifuge) et générer des effets rétroactifs d'attraction du territoire (force centripète). Quel que soit le discours des acteurs du système Centre-régions russe sur les effets (positifs et négatifs) des politiques territoriales d'innovation, il est nécessaire que l'information qui circule dans les réseaux territoriaux (autant locaux que sur divers territoires de Russie) puisse convaincre les agents économiques extralocaux que la valorisation des atouts territoriaux (par exemple par le biais de « clusters territoriaux d'innovation ») contribue à stabiliser les dynamiques institutionnelles, restructure durablement le système de repères institutionnels à l'échelle locale, ouvre des champs d'opportunités (d'ordre entrepreneurial principalement, mais aussi de recherche scientifique valorisable par les entrepreneurs), favorise un tissu réticulaire d'acteurs territoriaux relativement « ouvert », encourage les comportements créatifs, etc. En « sabordant » les dynamiques de gouvernance locale inclusive d'un territoire, l'État russe ne fait pas circuler par effet rétroactif une information nouvelle au sein des réseaux territoriaux : il réitère à la fois une politique de développement territorial, où les interactions (et les relations) Centre-régions influencent fortement l'organisation territoriale, et un message pour les agents économiques disséminés dans les réseaux territoriaux, à savoir la prégnance de l'instabilité institutionnelle des territoires. Dans ce contexte, les acteurs composant les réseaux territoriaux russes peuvent privilégier une information émanant d'un acteur avec lequel une relation de confiance a été préalablement tissée. La confiance, ici, induit que chaque individu « attend de l'autre qu'il agisse à l'encontre de son propre intérêt » (Granovetter, 2002, p.230). De fait, ce n'est pas tant le processus de vérification de l'information ici qui importe, c'est la personne qui est rattachée à l'information (en tant qu'émetteur ou relais). En effet, « nos coopérations ne reposent pas sur un savoir des intentions des autres, mais au contraire sur le savoir que personne ne peut vérifier ces intentions. Si pour accepter les promesses, les engagements, nous devions attendre d'avoir des certitudes sur les intentions des autres, nous ne pourrions jamais agir ensemble. Mais sachant qu'une certitude réelle est inaccessible, nous pouvons accepter de nous satisfaire de données insuffisantes, de signes seulement conventionnels » (Livet, 1994, p.10). De fait, quel que soit le discours officiel sur la contribution des « clusters territoriaux d'innovation » à la compétitivité des territoires, les agents économiques, mais aussi les entreprises extralocales cherchent avant tout à distinguer la provenance de l'information ainsi que ceux qui la relayent (de quelle structure ou quel acteur territorial(e) exactement). Ici, le repère institutionnel peut dans le contexte russe se personnaliser autour d'individus fortement ancrés dans le territoire et permettre à un acteur territorial en particulier de créer (ou participer de façon significative à) de nouvelles impulsions dans le développement territorial local, en particulier s'il se trouve au cœur d'une multiplicité de réseaux territoriaux (cf. partie I.3. : les liens « forts » qui ont convaincu les acteurs d'intégrer le « cluster territorial d'innovation »).

Ainsi, même si les raisons structurelles et les dynamiques institutionnelles locales de l'économie post-soviétique russe peuvent expliquer les réponses des personnes interrogées – soit une faible attractivité territoriale des entreprises extra-régionales de Novossibirsk et Tomsk –, il est hâtif de conclure que les territoires russes sont « fermés » sur l'extérieur et opèrent un développement seulement endogène et/ou par le biais des initiatives du Centre. En effet, si d'une part les flux d'acteurs productifs (essentiellement les entreprises) accélèrent la diffusion des connaissances au sein des territoires (décuplant les externalités de connaissance), d'autres canaux informationnels peuvent être mobilisés par les acteurs territoriaux pour renforcer la compétitivité du territoire. Car les acteurs locaux ne sont pas seulement intégrés à des réseaux territoriaux locaux, ils s'efforcent d'intégrer ou créer des réseaux territoriaux toujours plus vastes. Ici, le réseau territorial peut être conceptualisé comme un système d'acteurs véhiculant des connaissances territorialisées (locales et extralocales). La production de ces connaissances localisées est étroitement liée aux externalités relevant d'une proximité géographique et de l'émergence continue de nouvelles coordinations entre acteurs productifs locaux. Véhiculées dans les réseaux territoriaux, ces connaissances sont relayées par les mécanismes organisationnels internes aux territoires. De fait, certains territoires peuvent devenir des « pôles » où la connaissance transite (par jeu d'attractivité et de diffusion) plus rapidement que dans d'autres. Pour cela, il faut que la dynamique de réseau soit appréhendée par les acteurs d'un territoire comme une partie intégrante des mécanismes organisationnels localisés. En Russie, la dynamique de réseau est mobilisée continuellement par les agents économiques pour s'adapter aux dynamiques d'instabilité institutionnelle. Peut-on alors affirmer que les territoires russes acquièrent et renforcent leur compétitivité par la spécificité de leur architecture réticulaire (résultant de la trajectoire institutionnelle des territoires post-soviétiques) ? Au regard de l'analyse des territoires de Novossibirsk et Tomsk, les réseaux territoriaux détiennent une place centrale dans la résilience des systèmes productifs locaux, mais demeurent insuffisants pour augmenter significativement la compétitivité des territoires. En effet, même si ces réseaux territoriaux se révèlent relativement performants pour réduire l'incertitude des dynamiques institutionnelles, faire transiter des connaissances territorialisées, résoudre certains problèmes collectifs, etc. la constitution d'un milieu innovateur nécessite aussi des mécanismes organisationnels localisés qui renforcent autant la cohésion des proximités territoriales que le système d'apprentissage local. Sans ces caractéristiques étroitement liées à la gouvernance locale, les territoires russes ne disposent pas de toutes les ressources organisationnelles pour s'adapter durablement à la multiplicité et l'intensité des crises systémiques. En effet, pour exploiter et valoriser pleinement le potentiel d'innovation des territoires, il est nécessaire non seulement de réunir une pluralité d'acteurs clés initiateurs ou intégrés dans de réseaux territoriaux plus ou moins vastes, mais aussi que ces différents acteurs locaux puissent interagir, échanger, apprendre, initier des stratégies collectives, etc. par le biais de mécanismes organisationnels et institutionnels appelant des dynamiques de coopération formelle. Car ce sont ces mécanismes qui freinent les dynamiques d'instabilité institutionnelle des territoires. Complémentaires des dynamiques de coopération informelle pour l'émergence de milieux innovateurs, ces mécanismes territoriaux sont, dans le cas des territoires russes, souvent déficients, voire absents. Dans ce contexte, la politique des « clusters territoriaux d'innovation », appelant l'introduction d'une dynamique de gouvernance inclusive et de nouveaux mécanismes organisationnels locaux, aurait pu favoriser les effets redistributifs des projets d'innovation des organisations (entreprises, universités, centres de recherche, etc.) initiés à l'échelle locale si acteurs du système Centre-régions ne se l'étaient appropriée pour protéger et/ou valoriser leurs intérêts individuels et « claniques » de court terme.

2. Innover à l'échelle locale et globale : les stratégies des entreprises innovantes

Dans un environnement institutionnel perçu comme instable, les entreprises peuvent chercher à réduire l'incertitude des marchés en renforçant leur ancrage territorial, c'est-à-dire en devenant un acteur clé d'un système organisationnel territorialisé englobant une pluralité d'acteurs intégrés dans une diversité de réseaux territoriaux. Ce renforcement de leur ancrage territorial peut théoriquement orienter leur trajectoire et augmenter leur performance. En effet, fortement ancrées dans le territoire et ses réseaux, elles peuvent contribuer à influencer la constitution et le renforcement de repères institutionnels. Mais tous les réseaux territoriaux ne se valent pas dans un environnement en constante mutation. En effet, ce n'est pas tant la formation (et le renforcement) d'un réseau territorial que la capacité à extraire de l'information et de la connaissance d'une pluralité de réseaux territoriaux (locaux et extra-locaux) qui donne aux entreprises la possibilité d'augmenter significativement leur performance (Bonnet, 2009). Inégales devant leur capacité à intégrer ou créer des réseaux territoriaux performants (véhiculant une diversité et une pluralité d'informations et de connaissances), les entreprises ne valorisent pas les mêmes ressources territoriales, les mêmes dynamiques de proximité territoriales, les mêmes noyaux de gouvernance locale, etc. pour innover et/ou s'adapter aux crises systémiques. En effet, la nature des atouts territoriaux (relatifs au « réservoir » de connaissances accumulées, aux externalités territoriales localisées, etc.), la taille des entreprises locales, les marchés ciblés (à forte plus-value ou non), etc. jouent un rôle non négligeable sur la constitution, l'évolution, la performance des réseaux territoriaux. La question dès lors est de savoir si la politique des « clusters territoriaux d'innovation » peut contribuer à accélérer l'intégration d'entreprises locales dans une nouvelle architecture réticulaire évolutive capable de créer de nouvelles dynamiques territoriales (et favoriser l'émergence de dynamiques d'innovation localisées).

En Russie, la priorité accordée par l'État à certains secteurs industriels dans le cadre de la politique des « clusters territoriaux d'innovation » (re)donne à certains systèmes productifs locaux un rôle stratégique dans la modernisation de l'appareil productif national. Ces systèmes territoriaux sont, par la complexité qui les caractérise (appréciable par la trajectoire historique locale, la diversité du « réservoir » de connaissances, les dynamiques de gouvernance à l'œuvre, l'émergence de dynamiques d'innovation localisées, etc.), déjà au centre d'une pluralité de réseaux (territoriaux, sectoriels, spécifique à un groupe, etc.). De fait, théoriquement, les entreprises (mais aussi universités, centres de recherche, etc.) locales intégrées aux « clusters territoriaux d'innovation » disposent de nouvelles opportunités pour intégrer de nouveaux réseaux territoriaux (tels ceux du système Centre-régions) ou pour en créer de nouveaux (valorisant l'initiative de l'État à réunir deux secteurs différents au sein d'un même « cluster territorial d'innovation »). Dans les territoires de Novossibirsk et Tomsk, l'étude menée montre cependant que l'intégration de nouveaux réseaux territoriaux n'est pas qu'une question de proximité cognitive locale, il faut encore que les acteurs intégrés dans différents réseaux territoriaux aient pu créer un lien spécifique entre eux (par le biais d'un vécu commun, de la résolution d'un problème commun, un rapprochement familial, etc.), expérience qui n'est pas forcément liée directement aux politiques de développement territorial. En effet, « les entrepreneurs russes qui réussissent ont un réseau étendu qu'ils conservent plutôt qu'ils ne cherchent à étendre, contrairement aux entrepreneurs les moins performants » (Corolleur, 2005, p.189). Ici, ce sont les liens « forts » entre acteurs d'un réseau qui sont valorisés par les entrepreneurs russes plutôt qu'une stratégie privilégiant les liens « faibles » (Granovetter, 1985). Car les liens « forts » diminuent les comportements opportunistes des acteurs composant les réseaux territoriaux et favorisent leur résilience face aux diverses dynamiques d'instabilité institutionnelle d'un territoire. Dans ce contexte, étendre un réseau par le biais des liens « forts » est une démarche préventive des agents économiques soumis à un environnement institutionnel appréhendé comme particulièrement instable qui nécessite soit une expérience commune considérée comme fondatrice d'une relation spécifique ou d'un laps de temps relativement grand. De même, l'initiative étatique de fusionner deux secteurs n'est pas suffisante pour créer de nouveaux réseaux territoriaux, il est nécessaire aussi que les acteurs locaux puissent participer à cette fusion sectorielle et/ou observer des complémentarités entrepreneuriales afin de pouvoir favoriser l'émergence de repères institutionnels communs « durables » – soit des repères qui évoluent de façon relativement progressive –, vecteurs autant de stabilité institutionnelle que de transformation des mécanismes de réseau dans le temps (cf. partie I.3).

Par ailleurs, la taille des entreprises locales joue un rôle non négligeable dans le choix et la forme des réseaux territoriaux ciblés par les agents économiques les composant. En effet, dans les phases initiales d'exploration du processus d'innovation, les grandes entreprises disposent d'importantes ressources (capital humain, financier, organisationnel, etc.) pour profiter d'externalités de connaissance produites par des rapprochements ponctuels et répétitifs entre acteurs du processus de valorisation de connaissances (telles les conférences ou forums scientifiques, les rencontres associatives, les évènements régionaux, etc.). Ces diverses ressources productives sous-entendent la capacité des entreprises de grande taille à favoriser une proximité géographique « temporaire » (Torre, 2009) ouvrant la possibilité d'intégrer une diversité de réseaux territoriaux. En Russie, de nombreuses grandes entreprises détiennent une position de monopole sur les marchés nationaux (acquise bien souvent par les processus de privatisation des années 1990) (Kouvaline, 2012). De fait, ce n'est que sous l'impulsion de l'État (et des politiques d'innovation et/ou de modernisation), que ces dernières orientent leurs investissements (financiers, organisationnels, scientifiques, réticulaires, etc.) vers le développement de nouveaux produits et services. Les grandes entreprises russes modifient leurs réseaux territoriaux et en intègrent ou en créent de nouveaux dès lors de façon très aléatoire, suivant les impulsions générées par les initiatives étatiques. Dans les territoires de Novossibirsk et Tomsk, la politique des « clusters territoriaux d'innovation » a incité les grandes entreprises participant aux projets collectifs du programme à favoriser l'émergence d'une proximité géographique « temporaire » pour innover. Cependant, créer ou intégrer des réseaux territoriaux peut être un vecteur de dynamiques d'innovation, mais n'est pas forcément décisif : il faut encore que ces réseaux deviennent des réseaux d'innovation. Un réseau d'innovation peut se définir comme un « ensemble de relations avec des organisations diverses (publiques / privées ; partenaires / prestataires), piloté par un pivot (le porteur de projet) dans le but de valoriser l'invention de ce dernier » (Gardet, 2009, p.34). Dans le contexte d'instabilité institutionnelle de la Russie, les réseaux (territoriaux) d'innovation des grandes entreprises nationales sont constitués pour répondre en premier lieu à une demande (ou une contrainte) du politique (relative aux politiques d'innovation et de modernisation) et seulement après à une contrainte économique (relative à la « survie » économique de l'entreprise). Ici, le pivot ou porteur de projet ne pilote pas un réseau d'innovation, c'est un réseau qui pilote un pivot choisi préalablement pour représenter un réseau d'innovation. Dans les « clusters territoriaux d'innovation » de Novossibirsk et Tomsk, la sélection des acteurs productifs locaux participant aux projets collectifs du programme – et donc incités à favoriser l'émergence de réseaux d'innovation – résulte d'un choix étatique (influencé par les acteurs et réseaux du système Centre-régions) et non d'une décision collective relevant d'un processus de gouvernance locale inclusif. Ici, les réseaux territoriaux et les réseaux (territoriaux) d'innovation des grandes entreprises russes se recoupent et demeurent difficiles à distinguer par les autres acteurs locaux (c'est-à-dire les acteurs exclus de la gouvernance des « clusters territoriaux d'innovation ») entraînant par effet rétroactif une propension à favoriser des phénomènes de « lock-in réticulaires » à l'échelle du territoire local.

Pour intégrer de nouveaux réseaux territoriaux et capter de nouvelles connaissances, les petites entreprises disposant de ressources limitées n'ont pas la même capacité à générer ou disposer de ressources favorisant l'émergence continue d'une proximité géographique « temporaire ». Dès lors, elles sont amenées à privilégier une proximité géographique « permanente » pour favoriser la création d'un système réticulaire ancré dans le territoire capable de capter (ou d'attirer) de nouveaux flux de connaissances. Le dirigeant d'une petite entreprise de Tomsk expliquait l'origine de cette proximité « permanente » des acteurs locaux du fait de la spécificité du lieu : « c'est comme ça que ça c'est réalisé, du moins en Sibérie [occidentale] : du fait qu'avant, tous les scientifiques travaillaient dans le système de la Division sibérienne, alors de l'Académie des sciences soviétique, tout le monde se connaissait. À propos de Tomsk, tous les évènements qui se passent ici, plus ou moins importants, où se rencontrent les innovateurs et les entrepreneurs... en fait, tous les gens se connaissent. Beaucoup ont étudié ensemble. C'est même à l'université que les relations de famille se créent ». Cependant, au regard de l'enquête de terrain, d'autres personnes interrogées à Novossibirsk et à Tomsk ont insisté sur le rôle « clanique » de certains réseaux territoriaux locaux, mais aussi trans-territoriaux, mettant en lumière une différence significative entre « connaître » des acteurs locaux et « intégrer » (soit exploiter pleinement) leurs réseaux territoriaux (pour acquérir de nouvelles connaissances et innover). De fait, si la proximité « permanente » peut être décrite comme un atout territorial par les acteurs locaux, son impact sur la compétitivité et l'innovation des entreprises se révèle souvent difficile à apprécier.

Selon le type de marché ciblé (soit régional, national ou international, mais aussi de niche), les entreprises cherchent à capter de l'information et des connaissances par le biais de différents réseaux territoriaux (plus ou moins vastes ; couvrant un ou des secteurs, voire un ou des territoires en particulier ; relatifs à certains types de problème et/ou de marché ; etc.). Si les réseaux locaux peinent à satisfaire les besoins (financiers, institutionnels, cognitifs, etc.) nécessaires à leur croissance, les entreprises cherchent généralement à intégrer des réseaux extra-locaux – c'est-à-dire relevant d'autres territoires ou répartis sur une pluralité de territoires –, voire parfois à « rompre » avec leur milieu d'origine (Uzunidis, 2010). En Russie, la faible proximité organisationnelle entre les agents économiques – freinant l'émergence de réseaux territoriaux caractérisés par des relations de coopération formelle – a eu pour conséquence de donner un rôle particulièrement décisif aux personnes ou systèmes de personnes capables de relayer les initiatives entrepreneuriales du « local ». Dans le cas post-soviétique, l'émergence de ces systèmes d'acteurs peut être liée à un facteur ethnique relevant d'un marché spécifique (Laruelle, 2006), mais peut aussi résulter d'une « bifurcation systémique » passée : les flux de population (relatifs aux vagues d'émigration) vers Israël et les États-Unis à la fin des années 1980 et au début des années 1990 ont favorisé la constitution de réseaux trans-territoriaux dans des secteurs spécifiques, telles les technologies de l'information (Samaganova, 2008). Dans une perspective schumpétérienne, ces systèmes d'acteurs s'adaptent grâce à un acteur en particulier : l'entrepreneur (Uzunidis, 2010). Appréhendé comme l'agent économique à l'origine de recombinaisons des dynamiques productives (Schumpeter, 1942), l'entrepreneur n'est pas exogène à son milieu, il est celui qui s'affirme comme capable d'orchestrer l'interface entre l'organisation interne d'un système d'acteurs (ici en réseau) et l'environnement socio-économique qui octroie à ce même système plus ou moins facilement des ressources pour exister et s'adapter. De fait, les dynamiques institutionnelles d'un réseau territorial sont initiées, modifiées, valorisées par l'entrepreneur qui « ajuste » dans le temps les repères institutionnels de réprocité et de confiance des acteurs en réseau. De par la complexité des dynamiques territoriales, un entrepreneur est « encastré » dans une pluralité de réseaux territoriaux, dont il n'influence les repères institutionnels que de façon très aléatoire. Ici, l'entrepreneur renforce son ancrage territorial en augmentant sa capacité à influencer des noyaux de gouvernance réticulaire localisés sur son territoire. En Russie, les dynamiques d'instabilité institutionnelles intra et inter territoriales freinent l'interpénétration des réseaux territoriaux. Pour se protéger des effets perturbateurs de certains réseaux territoriaux (en général, ceux qu'il peut le moins influencer), l'entrepreneur peut choisir de valoriser les capacités productives d'un réseau territorial plutôt que l'identité territoriale à laquelle il est rattaché. Ainsi, certaines entreprises locales de Novossibirsk et Tomsk ont précisé que pour intégrer certains marchés internationaux, ce n'était pas un lien « firme-territoire » (Torre, 2000) qu'elles mettaient en avant (réputation collective territorialisée), mais les recommandations dont elles disposaient (réputation individuelle présentée comme « déconnectée » du territoire). Pourtant, c'est aussi par un fort ancrage territorial qu'elles mobilisaient les connaissances et compétences nécessaires à leur développement. Ce décalage entre les stratégies individuelles des entreprises pour se raccorder aux marchés internationaux et leur fort ancrage territorial peut s'expliquer par certaines externalités des dynamiques de « réputation territoriale ». La réputation peut se conceptualiser comme un « système collectif de croyances et opinions qui influence les actions des personnes » (Boistel, 2008, p.10). Par extension, la réputation territoriale fait référence aux évolutions du système de croyances qui émergent sous l'impulsion d'un ensemble d'acteurs territoriaux, mais aussi de leur capacité collective à sanctionner les acteurs territoriaux qui engendraient des externalités fragilisant la construction (ou le renforcement) d'atouts territoriaux avérés (Angeon & Vollet, 2008). En Russie, les dynamiques d'instabilité institutionnelle des territoires et la faible interpénétration des réseaux territoriaux ne permettent pas à une majorité d'acteurs territoriaux (ou à un acteur territorial en particulier) de sanctionner les organisations et/ou réseaux territoriaux érodant la réputation territoriale. Ce type de lock-in territorial contraint les entreprises russes à s'affranchir d'une ressource stratégique du territoire qu'est la réputation territoriale à l'échelle extra-territoriale tout en privilégiant un ancrage territorial fort, souvent vecteur de réputation territoriale à l'échelle intra-territoriale, capital pour la compétitivité des produits et services, mais non décisif pour intégrer de nouveaux marchés.

Au regard de l'étude menée dans les territoires de Novossibirsk et Tomsk, un acteur territorial en particulier a favorisé la constitution et l'adaptation de certains réseaux territoriaux aux diverses et multiples évolutions territoriales russes : l'université. Véritable « ascenseur » social pendant la période soviétique et élément clé de l'économie centralement planifiée ayant permis autant d'importantes avancées scientifiques que la constitution d'un important « réservoir » de personnes hautement qualifiées, l'université a représenté dans la mémoire collective des individus soviétiques puis postsoviétiques un lieu pouvant redéfinir les trajectoires individuelles et collectives (d'un groupe d'individus, comme d'un pays). Dans les années 1960-1980, certaines universités favorisent la constitution d'« aires de microautonomie » (Ferro, 1985) qui permettent à certains groupes d'étudiants (mais aussi de professeurs, chercheurs, etc.) de prendre quelques distances d'intensité variable avec l'idéologie soviétique (Sigman, 2009). La constitution d'une proximité cognitive entre individus à un certain moment dans le temps peut s'avérer a posteriori un repère institutionnel pour des réseaux embryonnaires. Ce lieu tend à prendre une importance non négligeable au début des années 1990. En effet, avec la libéralisation de l'économie russe, le champ des opportunités individuelles est redéfini. Mais plus que la popularité du diplôme, c'est l'accès au diplôme qui a été élargi une fois la transition économique achevée. En effet, avec la décentralisation des mécanismes de coordination, les universités ont obtenu le droit de commercialiser leurs formations, mais aussi de supprimer ou d'initier de nouveaux cursus universitaires (en accord avec l'idéologie de marché de la « nouvelle » économie post-soviétique russe). De fait, malgré une baisse du taux de natalité, le nombre de diplômés a augmenté (OCDE, 2006). Si le niveau global de formation a considérablement baissé – en partie résultant de l'inadéquation des programmes aux nouvelles réalités du terrain socio-économique post-transitionnel – , certains cursus, essentiellement les formations universitaires en sciences dures mises au point à l'époque soviétique, continuent d'offrir de solides bases théoriques. En effet, les acteurs du système universitaire russe ont hérité de nombreuses dynamiques organisationnelles soviétiques intra-universitaires contribuant à forger des mécanismes de réseau spécifiques. Ainsi, les interactions « chaire (département) – groupe d'étudiants » des universités russes peuvent générer des relations fortes entre étudiants et favoriser la constitution de normes et valeurs propres au groupe d'étudiants, ou à une chaire et/ou université en particulier. Mobilisés constamment par les diplômés dans leur vie active, les réseaux universitaires réduisent l'incertitude liée aux dynamiques d'instabilité institutionnelle et peuvent favoriser des externalités de connaissances. Ainsi un entrepreneur de Novossibirsk soulignait : « nous gardons encore contact avec les diplômés de l'université d'État de Novossibirsk, ils sont maintenant répartis dans tout le pays et travaillent de fait dans tous les instituts de recherche [nationaux]. En ce sens, bien sûr c'est très bien [pour l'entreprise] ». Un autre entrepreneur de Tomsk insistait sur la spécificité sectorielle de l'université et ses capacités à véhiculer des valeurs entrepreneuriales parmi ses diplômés : « je peux vous dire par exemple pourquoi à Tomsk, il y a un certain mouvement autour des technologies de l'information. Dans les autres branches ce n'est pas le cas [...] à propos des dirigeants de TUSUR [Université de Tomsk des Systèmes de Contrôle et de Radio électronique], ils aiment bien donner ce chiffre : 80% de tout le business scientifique de Tomsk, pas obligatoirement relevant de la programmation informatique ou des composants, matériels électroniques, c'est-à-dire des autres aussi, se concentre dans les mains des diplômés de TUSUR : ils s'avèrent sans doute meilleurs que les autres pour commercialiser des idées. Donc voilà. En ce sens, c'est très important, cette fraternité étudiante, les diplômés de TUSUR, les interactions entre ce milieu des technologies de l'information, un niveau moyen plus ou moins normal de culture, cela permet de créer une sorte de culture spécifique, oui, je considère cela important ». Mais, si l'université russe peut être analysée comme un incubateur de réseaux territoriaux, il faut encore que les diplômés puissent s'éparpiller sur différents territoires.

L'organisation et la localisation territoriale des filières héritées de la période soviétique ont favorisé un éparpillement géographique des acteurs productifs d'un même secteur. L'implantation des activités productives pendant la période soviétique était étroitement liée aux intérêts militaires. La combinaison des intérêts militaires, des stratégies de complexification des filières (en fonction des avancées technologiques) et des ressources productives (organisationnelles, cognitives, etc.) mises à disposition pour atteindre des objectifs évolutifs (suivant les secteurs) a encouragé les organes de planification à localiser diverses filières distinctes sur une pluralité de territoires. De nombreux territoires ont alors généré des processus de « bifurcation systémique » qui ont contribué à la « territorialisation » des filières de façon exogène. La territorialisation peut se définir ici comme un « processus qui assure l'émergence d'une capacité endogène de développement » (Maillat, 2010, p.37). Ainsi, des systèmes productifs locaux relativement éloignés géographiquement, mais proches – voire complémentaires – sectoriellement, ont développé une assise réticulaire trans-territoriale spécifique pour à la fois répondre aux impulsions des organes de planification, c'est-à-dire à des objectifs fixés souvent de manière exogène, et compenser l'absence d'une proximité géographique « permanente » entre ensembles d'acteurs productifs englobant une ou plusieurs opérations d'une filière. Dans les années 1990, ces systèmes organisationnels réticulaires trans-territoriaux n'ont pas été remis en cause par la transition économique, mais ont, dans un contexte d'instabilité institutionnelle chronique, été renforcés. Ainsi, même si de nombreuses infrastructures étatiques ont disparu ou ont réduit drastiquement leurs capacités productives, leurs réseaux territoriaux ont « survécu ». L'appauvrissement des filières consécutif à la transition économique a concentré de nombreux acteurs autour de certaines opérations de la filière avec pour conséquence une diminution des interactions (et des relations) entre les universités et les entreprises. En effet, si de nombreuses formations universitaires étaient, dans le système productif soviétique, étroitement liées au développement ciblé d'une opération de la filière (voire d'une organisation productive ou d'un combinat en particulier), cette coordination université – organisation productive n'est plus initiée systématiquement dans l'économie post-soviétique. Cela peut s'expliquer par la baisse de la demande des organisations productives, qui privatisées, n'ont plus les mêmes objectifs et mécanismes systémiques (ni les mêmes ressources financières et organisationnelles) que précédemment dans le contexte soviétique. Suivant le poids de certains secteurs ou de certaines opérations d'une filière dans l'économie russe, les territoires ont hérité d'une diversité de systèmes réticulaires aussi bien ancrés dans leur territoire que dans d'autres par le biais du renforcement des mécanismes de réseau internes aux filières. Cela ne veut pas dire qu'à l'échelle d'un territoire, les dynamiques d'ancrage territorial des divers réseaux des filières favorisent le décloisonnement sectoriel. En Russie, l'ancrage des réseaux territoriaux n'est pas forcément appréciable à leur interpénétration mutuelle, il peut découler d'un accord tacite entre acteurs-clés de différents réseaux territoriaux de ne pas interférer dans l'exploitation des ressources (financières, organisationnelles, cognitives, etc.) d'un territoire (phénomène favorisé par le monopole de grandes entreprises dans divers secteurs à l'échelle nationale). Dans ce contexte, de nombreuses entreprises russes peinent à initier des projets d'innovation intersectoriels appelant une forte interpénétration des réseaux sectoriels et territoriaux. Pourtant, là où les secteurs se recoupent, des technologies clés peuvent contribuer à « raccourcir » ou « allonger » les filières et favoriser l'émergence d'innovations (Sekkat, 1987, p.139). Ici, la politique des « clusters territoriaux d'innovation » russe peut théoriquement, en incitant les acteurs de deux filières distinctes à interagir autour de projets collectifs et où diverses universités locales prennent une part importante à leur réalisation, encourager autant le décloisonnement sectoriel que la porosité des réseaux sectoriels et territoriaux (qui pour une majorité émergent à l'université). Mais cette stratégie étatique de rapprochement de secteurs distincts pour croiser des opérations de différentes filières ne peut sous-estimer le poids des réseaux trans-territoriaux, mais aussi intra-filières dans l'organisation évolutive des territoires russes.

En effet, l'étude de terrain menée dans les territoires de Novossibirsk et Tomsk montre que de nombreuses entreprises locales, mais aussi une diversité d'agents économiques (évoluant dans diverses organisations publiques locales) possèdent des liens étroits avec un territoire en particulier : Moscou (caractérisé ici comme l'État central). Ces liens ne sont pas uniquement relationnels, ils sont aussi organisationnels, sectoriels, voire même cognitifs. En effet, de nombreuses entreprises locales interrogées à Novossibirsk et à Tomsk insistent sur le lien entre leur performance et leur ancrage plus ou moins fort dans la capitale (par le biais de l'ouverture de filiales ou bureaux d'information). Une première raison est à trouver dans l'écart entre les montants des contrats à Moscou et dans les régions, montants beaucoup plus élevés dans la capitale. Une deuxième est à chercher dans l'importance des flux d'acteurs (organisations, entreprises, investisseurs, etc.) susceptibles de signer ces contrats, Moscou est et demeure traditionnellement la « porte » d'entrée pour accéder au marché russe régional ainsi qu'à celui de l'ensemble de la CEI. Enfin une troisième peut se révéler dans les possibilités d'influencer le pouvoir central dans l'assouplissement de l'accès des entreprises régionales au marché mondial – soit en modifiant le cadre législatif, juridique et/ou douanier –, mais aussi de favoriser la constitution d'un lobby capable d'orienter l'État dans son choix de soutenir (financièrement et organisationnellement) telles ou telles régions dans lesquelles elles sont fortement implantées. L'implantation d'entreprises régionales à Moscou traduit un ancrage « double » de nombreuses entreprises originaires de Novossibirsk et de Tomsk. Elles peuvent ainsi valoriser différentes ressources territorialisées selon leur lieu d'ancrage qui sont souvent complémentaires. De plus, la taille des entreprises locales joue un rôle non négligeable dans les stratégies d'ancrage « double » menées par leurs dirigeants. En effet, de nombreuses grandes organisations productives soviétiques (combinats, complexes de production, etc.) ont été privatisées dans les années 1990 et ont été intégrés dans des holdings dont le siège social était à Moscou en vue d'influencer les règles et normes juridiques et fiscales régionales et nationales. Cette capacité à influencer le gouvernement russe a favorisé la substitution des stratégies de modernisation de ces grandes entreprises par des stratégies d'investissement de court terme contribuant fortement à « reproduire » l'appareil productif local dans le temps (Durand, 2004). L'émergence d'une multitude d'oligarques régionaux issus des territoires de Novossibirsk et Tomsk développant des liens étroits (politiques, organisationnels, cognitifs, etc.) avec les acteurs du système Centre-régions, mais aussi avec des structures politico-financières moscovites pour assouplir le cadre légal (relatif aux conditions de travail, à la fiscalité locale, à l'accès au marché mondial, etc.) montre que la question de la valorisation du « local » est étroitement liée au Centre. Ces grands groupes, souvent en position de monopole, cherchent dans le soutien étatique à se protéger des crises systémiques sur les marchés post-soviétique et international. Pour les petites entreprises, l'enjeu de cet ancrage « double » n'en est pas moins grand. Les coûts de production étant moins élevés dans les régions, elles peuvent concurrencer des entreprises implantées uniquement à Moscou.

Cet ancrage « double » n'est pas propre aux entreprises. En effet, il est possible d'observer une situation similaire avec les associations d'entrepreneurs, de petites-moyennes ou de grandes entreprises – dont le siège central est à Moscou – , mais aussi des associations de la société civile (fondations, associations caritatives, etc.). En s'implantant à Moscou, ces infrastructures cherchent en effet à influencer directement l'État central dans ses stratégies de développement territorial. Concernant les organisations publiques, telles les universités, les centres et/ou instituts de recherche, etc., les relations avec « Moscou » – soit avec d'autres universités et centres et/ou instituts de recherche – sont héritées de l'organisation de la science de la période soviétique : l'Académie des sciences de Russie (anciennement d'URSS) localisée à Moscou centralise la division sibérienne et ses nombreux instituts entretenant des liens organisationnels étroits (relevant souvent d'un modèle linéaire) (Boussyguine, 2005). Avec la transition économique des années 1990, les centres et instituts de recherche régionaux ont pu valoriser leurs compétences directement à l'échelle du « local », mais aussi à l'échelle du « national » et du « global ». Cependant, l'appauvrissement des filières de l'appareil productif national et les stratégies de court terme mises en place suite à la baisse des investissements étatiques ont diminué les capacités de résilience de ces centres et instituts (laissant en suspens de nombreux projets collectifs locaux et nationaux). Quant à l'accès au marché international, l'exportation de la production scientifique de nombreux centres / instituts de recherche demeure particulièrement difficile sans un soutien étatique (organisationnel, législatif, financier, matériel, etc.) de la part de l'État central. Le financement des universités, centres / instituts de recherche étant essentiellement lié au budget fédéral centralisé à Moscou (par le biais des ministères), les acteurs-clés de ces organisations sont alors incités à créer un système Centre-régions dans la sphère scientifique pouvant concurrencer le système Centre-régions administratif traditionnel.

Les entreprises russes peuvent significativement augmenter leur compétitivité en mettant au cœur de leur stratégie de développement un positionnement d'ancrage « double » sur les échelles territoriales « région – Centre » et « région – réseaux trans-territoriaux » où le rôle des réseaux (intra et trans) territoriaux est de freiner l'existence et la persistance d'asymétries des proximités territoriales à l'échelle locale. Les réseaux trans-territoriaux donnent accès généralement à deux types de marché :

- un marché national englobant des marchés publics et des marchés de filière. L'intégration de marchés publics est étroitement liée à la capacité des entreprises à appréhender les mécanismes de(s) système(s) Centre-régions [administratif, scientifique, voire de filière] et intégrer les réseaux trans-territoriaux qui s'y rattachent. Les marchés de filière renvoient à l'héritage soviétique qui, dès la transition économique des années 1990, a favorisé la constitution de monopoles. Englobant des opérations réparties dans une pluralité de territoires, ce marché de filière s'ouvre aux entreprises russes suivant leur capacité à anticiper les dynamiques technologiques et organisationnelles des filières, mais aussi intégrer les réseaux trans-territoriaux qui s'y rattachent.

- un marché extra-national. Se faire connaître et s'implanter durablement sur le marché international nécessite la constitution et/ou l'intégration de réseaux territoriaux pour ne pas pâtir des dynamiques de réputation territoriale russes. Le rôle organisationnel polarisant de Moscou (relatif à l'héritage organisationnel soviétique) est bien souvent décisif pour les entreprises cherchant à intégrer une pluralité de marchés régionaux dans un laps de temps relativement court. Cherchant à intégrer des réseaux territoriaux Centre-régions pour accéder à un marché local, un entrepreneur de Tomsk décrivait concrètement, au cours de l'enquête de terrain menée, ses difficultés : « Si [...] moi je veux rencontrer et proposer un service au Gazprom local, je dois m'envoler à Moscou, pour qu'un accord sur ce service puisse être trouvé, ils [les cadres dirigeants de Gazprom] doivent réfléchir 3-4 mois, parce qu'ils vont en discuter, ensuite se mettre plus ou moins d'accord, ensuite il est possible que je m'envole 3-4 fois à Moscou et peut-être ils prendront une décision, peut-être ». Ce type de lock-in territorial n'est pas anodin. Un entrepreneur de Novossibirsk résumait les options de développement des entreprises locales en ces termes : « En Russie, n'importe quel entrepreneur dira : si vous voulez vous développer, vous voulez faire des profits et acquérir divers nouveaux clients, vous devez travailler [vous implanter] à Moscou, c'est tout. Ou alors vous devez avoir des clients à l'étranger. C'est ce que je m'efforce d'avoir. Je n'ai pas d'autres variantes ».

Dans ce contexte, l'initiative étatique d'intégrer des « clusters territoriaux d'innovation » dans les régions russes questionne l'impact de ce modèle organisationnel sur la constitution et l'évolution des réseaux (intra et trans) territoriaux mobilisés par les entreprises locales. Au regard de l'enquête de terrain menée à Novossibirsk et à Tomsk, les entreprises locales qui n'ont pas les capacités (financières, réticulaires, cognitives, etc.) à intégrer des réseaux territoriaux ayant comme point d'ancrage Moscou – afin de profiter des externalités spécifiques des relations Centre-régions pour intégrer des marchés publics et/ou des marchés de filières – sont particulièrement fragiles devant la diversité et l'intensité évolutives des dynamiques d'instabilité institutionnelle des territoires russes. Elles peuvent néanmoins accéder directement au marché international (extra-national) en valorisant les spécificités organisationnelles et cognitives locales. Mais se soustraire aux réseaux territoriaux Centre-régions, mais aussi à l'instabilité institutionnelle qu'ils génèrent, n'est pas toujours simple sectoriellement parlant. Par exemple, la biopharmacie est plus dépendante des initiatives étatiques par rapport aux technologies de l'information du fait de normes juridiques spécifiques (relatives à des exigences sanitaires), mais aussi des spécificités du marché biopharmaceutique (relatives à la production matérielle d'organismes vivants et son exportation). Pour anticiper autant les crises systémiques provenant du système Centre-régions que des dynamiques de globalisation, les entreprises locales s'efforcent constamment de créer une relation spécifique et durable avec les acteurs clés étatiques moscovites. La politique des « clusters territoriaux d'innovation » à l'initiative de l'État central se révèle dans ce contexte une opportunité pour les entreprises locales de réinventer la relation organisationnelle entre le Centre et leur région. Cependant, en l'absence d'une gouvernance locale inclusive favorisant des repères institutionnels relativement stables dans le temps, les entreprises locales peinent à « construire » une relation Centre-région capable de redessiner les frontières des systèmes réticulaires territoriaux russes. De fait, les « clusters territoriaux d'innovation », en tant que modèles promouvant une nouvelle forme de développement territorial, ne sont pas convaincants pour les entreprises locales et favorisent la constitution d'un noyau de gouvernance souvent « hermétique ». Un entrepreneur de Tomsk, bien que membre du « cluster territorial d'innovation » local, décrivait ce modèle exogène comme un système organisationnel « fermé » : « aujourd'hui, je ne vois pas d'avantages [dans le « cluster territorial d'innovation »], parce que le cluster fonctionne un peu de façon indépendante... On n'est pas synchronisé avec lui, c'est-à-dire que nous [les entreprises locales] avons notre fonctionnement et le cluster a le sien ». De fait, il n'y a pas eu de phénomène de « descendance institutionnelle » (Gundolf & al., 2006) généré par l'intégration d'un « cluster territorial d'innovation » dans le territoire : les entreprises locales ne se sont pas approprié l'initiative étatique pour s'impliquer durablement dans une démarche collective conjointe.

3. Le système national d'innovation russe fragilisé

La question de la performance d'un système territorial d'innovation porte souvent à confusion. En effet, la localisation d'entreprises innovantes sur un territoire peut suffire aux décideurs publics pour se persuader que les dynamiques territoriales à l'œuvre favorisent ou renforcent l'existence d'un milieu innovateur. La réflexion des décideurs publics est loin d'être déplacée : dans un monde où l'accroissement des flux commerciaux (et de leur vitesse) accélère les dynamiques de globalisation, les entreprises innovantes sont de plus en plus ancrées dans le territoire. De fait, si les entreprises innovent, c'est que le territoire joue son rôle de milieu innovateur. De plus, quand le territoire localise en son sein une diversité d'acteurs contribuant aux dynamiques d'innovation (universités, centres de recherche, incubateurs, etc.), les décideurs publics peuvent aussi reconnaître les composants d'un « cluster » ou d'une forme organisationnelle spécifique contribuant à l'innovation des entreprises locales. Pourtant, « une région ne doit pas simplement former sa population au plus haut niveau, car elle peut voir partir ses ressortissants ou les connaissances qu'elle a générées. Elle doit aussi ancrer des projets, c'est-à-dire avoir un milieu à la fois autonome localement et apte à exister dans des interactions à distance pour « être sur la carte » dans certains domaines spécifiques » (Crevoisier & Jeannerat, 2009, p.96). Dans ce contexte, réduire l'existence d'un milieu innovateur à la présence d'entreprises innovantes et/ou d'acteurs pouvant participer aux dynamiques d'innovation sous-estime le rôle d'un milieu innovateur dans la construction des territoires. En effet, un milieu innovateur n'est pas qu'un simple lieu d'incubation de l'innovation, il crée les conditions d'une spécificité socio-organisationnelle d'un territoire qui, appréhendée comme une ressource territoriale par les acteurs locaux, encourage l'émergence continue de dynamiques d'innovation (par la création d'entreprises, de nouveaux projets collectifs, de nouveaux enjeux de développement territorial, etc.) pour s'adapter aux crises systémiques (Coppin, 2002). Dans l'approche schumpétérienne, l'entreprise innove pour anticiper les chocs systémiques et « survivre ». L'entrepreneur est à l'origine de ce processus qui favorise l'émergence de « grappes d'innovation » (Schumpeter, 1935 ; 1942). Cependant, dans un environnement institutionnel fragilisé – où les règles et normes ne sont pas stabilisées dans le temps ; où les repères institutionnels évoluent trop, voire pas assez, rapidement – , la « survie » des entreprises n'est pas toujours liée à leur capacité d'innover. En effet, la diversité des systèmes institutionnels territoriaux (Boyer, 2003) montre que la « survie » de l'entreprise n'est pas qu'une question de règles propres aux dynamiques de marché : les caractéristiques et les mécanismes de coordination internes de l'environnement institutionnel jouent aussi un rôle significatif et renforcent de manière plus ou moins forte les dynamiques d'émergence d'entrepreneurs schumpétériens. De fait, sans un « cadre légal d'accumulation ; lui-même inséré dans un espace internationalement ouvert » (Uzunidis, 2010, p.97), les systèmes institutionnels territoriaux se révèlent relativement fragiles devant l'intensité croissante des dynamiques de globalisation. La performance d'une entreprise n'est pas appréhendée ici comme un acte casuel d'innovation sur un marché (localisé, spatialement parlant), mais comme un acte d'apprentissage continu englobant des stratégies d'innovation qui permet, en plus de se maintenir sur un marché, de s'adapter aux crises systémiques qui affectent les territoires. Dans ce contexte, il s'agit de reposer la question de la performance d'un territoire que les décideurs publics décrivent comme étant un milieu innovateur. Dans un premier temps, il est nécessaire de comprendre comment les acteurs du « local » caractérisent une entreprise qui innove et quel rôle jouent les dynamiques d'innovation dans la performance des territoires. Ensuite, dans un deuxième temps, il s'agit de recontextualiser l'appropriation des politiques territoriales d'innovation par les acteurs du local dans un champ d'action plus large, à savoir dans un contexte de globalisation croissante où la multiplicité, la diversité et l'intensité des crises systémiques ont tendance à fragiliser plus durement les territoires. Enfin, c'est en analysant les capacités du système national d'innovation russe à se renforcer grâce aux politiques territoriales d'innovation initiées qu'il est possible d'apprécier sa performance, soit son aptitude à soutenir le système productif national face aux chocs systémiques.

En interrogeant les acteurs locaux de Novossibirsk et Tomsk sur le sens qu'ils donnent au terme lexical d'« innovation », c'est la question du rôle de l'innovation autant pour la compétitivité de l'entreprise locale que pour celle du territoire qu'il s'agit d'éclaircir. Cette question a d'autant plus d'importance dans les économies ayant opéré un changement systémique relativement récent (transition d'une économie centralement planifiée à une économie de marché, c'est-à-dire où les moyens de coordination ont été décentralisés), il s'agit pour les acteurs locaux d'appréhender le sens et le rôle de l'innovation dans un nouveau contexte systémique. Il est nécessaire ici de préciser que le mot innovation n'apparaît que de manière confuse dans le lexique des agents économiques soviétiques qu'à la fin des années 1980. Car dans les économies centralement planifiées, ce n'est pas le terme d'innovation qui est mobilisé, mais l'expression d'« introduction [du progrès technique] » (*vnedrenie*) ou au terme de « rationalisation » (*ratsionalizatsia*) (Roumiantsev, 1969). Si cette différence de terminologie peut, a priori, n'être que linguistique, son rôle systémique demeure cependant bien distinct. En effet, « dans le système capitaliste, la recherche du gain est le mobile économique dominant ; la technique est très progressive ; la structure institutionnelle typique est le contrat [...] dans le système d'économie intégralement planifiée, la technique est normalement la même qu'en système capitaliste, mais il est fait abandon à la puissance publique de la responsabilité d'effectuer les calculs économiques » (Thoris, 1997, p.16). Autrement dit, l'introduction d'inventions nouvelles dans des systèmes économiques différents implique une impulsion et des canaux de diffusion différents. De même, des inventions similaires auront un degré de nouveauté (ou d'adéquation avec le système productif et ses normes) différent selon les systèmes économiques (cf. Encadré n°8). Pour exemple, les origines et les formes du processus d'innovation étaient souvent sujettes à débat entre les économistes des deux systèmes économiques : dans l'économie centralement planifiée, « il n'y a pas de contradiction entre innovation technique et innovation sociale. Les deux sont conçues dans un seul et même objectif : « accélérer le processus de reproduction des forces productives et d'augmentation de la production ». Les chercheurs socialistes analysant les politiques de l'innovation rejetaient d'ailleurs systématiquement la séparation « artificielle » faite dans les pays capitalistes, entre innovations productives et innovations sociales » (Hirschhausen, 1996, p.96).

Concrètement, à l'échelle sectorielle (voire parfois territoriale), les divers ministères des différentes branches industrielles du système soviétique observaient un rôle organisationnel relativement important dans le développement économique du pays. Dans une perspective organisationnelle verticale (voire parfois militarisée), les ministères étaient particulièrement efficaces pour diffuser l'invention dans l'ensemble des territoires / secteurs ciblés. En effet, captant de manière ordonnée et rapide des informations sur l'évolution des processus productifs au sein de la filière, les ministères pouvaient anticiper la trajectoire et les points de recoupement des filières. Mais si les inventions technologiques et organisationnelles pouvaient être très vite intégrées aux divers maillons de la chaîne industrielle, les anciennes technologies et procédures de production ne disparaissaient pas pour autant du site de production. Car, le plan avait priorité sur la recherche de nouveaux outils et procédés (sauf si cette recherche était incorporée au plan) : tant que les anciennes machines contribuaient aux objectifs du plan (même avec un rendement moindre), elles gardaient leur place et jouxtaient les nouvelles. En effet, toutes recherches non planifiées « risquent d'aggraver les problèmes d'approvisionnement [...] du fait qu'elles exigent souvent des matières et des matériels nouveaux et mal connus, provenant fréquemment de fournisseurs également nouveaux ne connaissant pas les activités de l'entreprise [l'organisation productive] et avec lesquels l'entreprise [l'organisation productive] n'entretient pas les relations étroites de travail nécessaires pour être assurée d'être livrée en ressources rares aux dates voulues » (Bornstein, 1985, p.37). De plus, l'introduction de ces inventions dans l'outil productif « peut s'accompagner de difficultés imprévues dans l'utilisation des matières et du matériel, être source de gaspillage tant que la nouvelle technique n'est pas pleinement maîtrisée et créer ainsi des besoins soudains d'approvisionnements non prévus au moment où le plan d'approvisionnement pour la période a été établi et approuvé » (Ibid, p.37). Dans ces conditions, la diffusion des inventions dans les économies centralement planifiées était très aléatoire selon les secteurs et filières. Concernant la diffusion des inventions dans les économies de marché, celle-ci aussi demeure aléatoire. L'intensité de cette diffusion varie cependant selon d'autres mécanismes : ce n'est pas un plan qui fixe la compétitivité des entreprises, mais ce que l'économiste Janos Kornai a appelé une « contrainte budgétaire dure » (1992 ; 2001) : dans un contexte concurrentiel inter-entreprises (où la question de la survie de l'entreprise est constamment reposée), la diffusion de l'innovation est étroitement liée à la configuration des marchés – soit au système institutionnel incitant plus ou moins les entreprises à valoriser des processus d'innovation pour survivre et/ou intégrer de nouveaux marchés – , mais aussi aux formes d'organisation territorialisée qui permettent aux acteurs locaux participant aux dynamiques d'innovation de se coordonner pour accélérer les flux d'informations et de connaissances et, par ce biais, favoriser la diffusion de l'innovation.

Encadré n°8 : Réflexions autour du phénomène de « destruction créatrice » dans l'économie centralement planifiée soviétique

Si l'on se réfère aux travaux de Schumpeter (1935 ; 1942), l'innovation possède à la fois une dimension « destructrice » et « créatrice ». Peut-on retrouver ces dimensions dans les économies centralement planifiées ? Les théoriciens marxistes-léninistes ne valident pas l'hypothèse. En effet, la planification permet « d'opérer une réduction de la production voulue dans un secteur quelconque de l'économie au cas où les ressources disponibles sont épuisées ou que l'usage social de tel article a baissé, etc. À la différence de ce qui se passe sous le capitalisme, sous le socialisme une telle mesure s'effectue sans heurt, puisque prévue. Dans ce cas, la société socialiste ne jette pas les travailleurs à la rue comme le fait le capitalisme, elle opère simplement une reconversion de la production (dans le cas où une entreprise est supprimée, son personnel est replacé dans d'autres usines), assurant même, chaque fois qu'il le faut, le reclassement professionnel » (Roumiantsev, 1969, p.307). Cependant, si la planification permet de réguler la dimension « destructrice » de l'innovation en freinant rapidement la production et en relocalisant / réorganisant les structures productives, la théorie marxiste-léniniste ne donne pas de précision sur le moment auquel une technique, une pratique, un article, etc. sont considérés comme usuellement « dépassés » et doivent être « détruits ». Concernant la dimension « créatrice » de l'innovation, quand une technique, une pratique, un article sont considérés comme usuellement « avancés », leur diffusion dans l'économie mobilise les spécificités organisationnelles de l'économie centralement planifiée : les techniques, les pratiques, les articles, etc. sont intégrés dans les circuits économiques de façon verticale et relativement rapidement par le biais des ministères dans toutes les branches productives concernées. Mais ici aussi, rien n'indique par quels critères une invention est considérée comme usuellement « avancée » et si elle doit pouvoir se diffuser et/ou « créer » de l'activité productive. Le seul critère de sélection des techniques, des pratiques, des articles, etc. répertorié par la théorie marxiste-léniniste est l'« usure morale ». De fait, « l'invention et l'emploi dans la production de machines nouvelles, plus productives et plus économiques, signifie que les machines périmées se déprécient, subissent une usure morale avant d'être usées au sens propre du terme. Dans la société socialiste, l'usure morale des machines est un aspect très important, car le rythme rapide du progrès technique oblige à remplacer sans tarder les moyens techniques périmés par de nouveaux, et ceux-ci par des moyens techniques encore plus modernes. L'usure morale des machines est ici foncièrement différente de ce qu'elle est en régime capitaliste. Le remplacement de l'outillage périmé ne s'effectue pas anarchiquement, comme un épisode d'une lutte entre concurrents, mais d'une façon méthodique ; il n'entraîne donc ni la ruine et la faillite des petites et moyennes entreprises, ni le gaspillage des forces productives qui l'accompagnent en régime capitaliste. La gestion planifiée de l'économie ouvre de larges possibilités à l'utilisation rationnelle de tous les moyens techniques existants » (Académie des sciences de l'URSS, 1955, p.516). Mais là aussi, comment déterminer les critères d'usure morale ? Dans une économie de marché, ce sont les multiples et diverses interactions entre consommateurs et vendeurs d'un marché qui opèrent la sélection des inventions et participent à leur diffusion, favorisant par ailleurs l'émergence de phénomènes de « destruction créatrice ». Dans une économie centralement planifiée, ce sont les organes de planification qui définissent et décident des produits et services mis à la disposition des utilisateurs. Dans ce contexte, le phénomène de « destruction créatrice » dans l'économie centralement planifiée s'avère difficile à reconnaître et caractériser (Boussyguine, 2005). Mais, si la production des organisations productives des économies centralement planifiées n'est pas (ou peu) soumise à des phénomènes de « destruction créatrice » en théorie, la réalisation des objectifs planifiés peut, dans la pratique, dissimuler ce type de phénomène à l'échelle du système administratif des organisations productives. En effet, les dirigeants des organisations productives soviétiques incapables de remplir les objectifs planifiés croissants pouvaient être poursuivis judiciairement (Delamotte, 1973 ; Kouznetsov, 1997). De fait, il pouvaient être exclus (« détruits ») du système administratif et perdre leur place (ainsi que les avantages sociaux qu'elle procure) au sein du système social soviétique. Pour ne pas freiner les flux de production liés à la production des objectifs planifiés, les organes de planification les remplaçaient par d'autres individus cherchant à s'élever dans la hiérarchie bureaucratique du système productif soviétique. Cette concurrence de facto dans le système administratif (et/ou productif) ainsi que la croissance planifiée et la complexification du système productif permettaient aux organes de planification de favoriser l'émergence d'un système de place (de « créer » des postes attractifs socialement parlant) à l'intérieur de l'appareil administratif de l'économie soviétique. Ce phénomène de « destruction créatrice » à l'échelle du système administratif pouvait-il influencer les organes de planification dans l'observation d'une « usure morale » des articles produits et machines productrices ? Si certains agents économiques soviétiques – pouvant être dans une moindre mesure caractérisés comme des « entrepreneurs schumpétériens » du fait de leurs capacités à favoriser et accélérer l'intégration de nouveaux produits dans le système économique soviétique – cherchaient à s'élever dans la hiérarchie administrative en justifiant leurs efforts individuels par la nécessité de dépasser le plan, c'était avant tout les organes de planification qui, sous les impulsions du Parti, décidaient quels articles et machines productrices devaient être modernisés. En effet, l'orientation et le rythme de la planification en URSS étaient étroitement liés aux interactions (d'ordres politique et militaire essentiellement) avec les économies de marché et appelaient les organes de planification à déterminer une « usure morale » en fonction de leurs priorités politiques à un moment donné (allant de la recherche d'une plus grande cohérence du système productif national au développement accéléré de nouvelles technologies militaires).

Environ 25 ans après l'implosion du système soviétique, le nombre d'agents économiques russes ayant travaillé pendant la (fin de la) période soviétique a fortement diminué. Parallèlement, les personnes qui ont travaillé uniquement dans un système économique et une organisation du territoire post-soviétiques ont significativement augmenté. Une question ici peut se poser : le rôle de l'innovation dans une économie de marché, mais aussi dans la compétitivité des territoires, est-il appréhendé différemment selon les générations ? Au regard de l'étude de terrain menée dans les territoires de Novossibirsk et Tomsk, quel que soit l'âge des agents économiques, le terme d'innovation demeure relativement difficile à caractériser pour l'ensemble des personnes interrogées. Si certaines personnes ayant travaillé pendant la période soviétique peuvent préciser le rôle du progrès technique dans l'évolution d'une économie centralement planifiée, dans l'économie russe post-soviétique, le terme d'innovation laisse perplexe. Un entrepreneur de Tomsk remarquait : « en fait en Russie, on a utilisé ce mot [innovation] tous azimuts, appliqué à n'importe qui et n'importe quoi, tu sais, on remplace un seau vert par un seau rouge, et voilà, on a déjà de l'innovation » ; de même, un fonctionnaire de Novossibirsk relevait : « dans notre économie, une innovation peut même être du vieux oublié. Par exemple, les clous, que personne ne fabrique plus dans le pays (on en achète des chinois), [si une entreprise en fabrique], ce sera déjà une innovation ». Ici le sens du mot innovation ne renvoie pas à une perspective schumpétérienne, mais à un changement de forme d'un objet ou à son lieu de production. Dans un premier temps, il est possible de penser que le rôle de l'innovation est sous-estimé (ou appréhendé de manière statique) par les acteurs productifs locaux russes. Pourtant, ce n'est pas tant son rôle dans le développement territorial ici qui est décrit que la signification qu'une minorité d'acteurs territoriaux clés lui donne pour s'adapter (au détriment d'autres acteurs locaux). En évoquant l'idée que tout peut devenir innovation suivant le point de vue dont on se place, les acteurs territoriaux ne se projettent pas dans l'avenir, mais s'efforcent de justifier la faible capacité de résilience des entreprises locales, mais aussi de leur territoire, malgré une multitude de politiques territoriales d'innovation (nationales et régionales) successives depuis les années 1990.

Pour comprendre pourquoi en Russie l'innovation n'est pas, malgré une diversité de politiques territoriales encourageant les acteurs locaux à interagir pour innover, appréhendée en premier lieu comme un processus de coordination territoriale collective, il est nécessaire de recontextualiser les dynamiques d'appropriation des concepts et modèles organisationnels de l'économie de marché (innovation, cluster, etc.) par les acteurs territoriaux post-soviétiques. En effet, dans le cas des économies post-soviétiques, de nombreux concepts et modèles organisationnels ont été importés, réadaptés, revalorisés, etc. pour accélérer la transition économique des années 1990. Mais la persistance d'un système Centre-régions – reproduisant les mêmes pratiques organisationnelles, malgré la transition institutionnelle des années 1990 – dans les mécanismes de développement territorial de l'économie post-soviétique russe a favorisé des dynamiques de « mimétismes institutionnels » (Badie, 1992 ; Mény, 1993) plutôt que d'appropriation. Car même si une première appropriation a pu être réalisée à l'échelle nationale, soit à l'échelle du gouvernement russe (telle l'appropriation de l'approche des clusters de Porter par le biais de « clusters territoriaux d'innovation »), à l'échelle locale, l'appropriation n'a pas été effective. En effet, dans un contexte d'instabilité institutionnelle, la survie des acteurs, mais aussi des individus d'un système Centre-régions est étroitement liée à leur capacité à appliquer le modèle sans se l'approprier – soit sans chercher à l'adapter aux spécificités locales – pour mettre en avant son inadéquation et préserver, bien que non compétitive à l'échelle des dynamiques de globalisation, une organisation territoriale interrégionale sur laquelle il est possible de freiner une trajectoire territoriale appréhendée comme entropique. Ici, c'est l'instabilité institutionnelle générée par les multiples et diverses politiques initiées par le Centre qui crée chez le décideur public local un sentiment d'entropie de la trajectoire territoriale locale. Ainsi, si pour les acteurs du Centre (du système Centre-régions), les régions disposent d'importantes (voire, trop de) ressources (financières, organisationnelles, juridiques, etc.) pour se développer (par le biais des multiples et divers programmes de développement territorial initiés par le Centre), les acteurs des régions (du système Centre-régions) préfèrent parler de jeu de forces asymétriques en faveur du Centre : « Moscou n'a jamais rien initié de positif. Les régions sont perçues comme un réservoir de main-d'œuvre peu coûteuse, au meilleur des cas. C'est tout. Les régions en Russie ne sont dotées d'aucun avantage, personne ne te donnera la possibilité de concurrencer [d'intégrer de nouveaux marchés]. Personne ne te donnera la possibilité de te développer, Moscou n'est pas intéressée par cela » relevait un fonctionnaire de Novossibirsk. Dans ce contexte, l'intégration de modèles organisationnels exogènes dans le territoire par le biais de programmes régionaux est récupérée par les acteurs du système Centre-régions (autant du Centre que des régions) pour se répartir des fonds du budget fédéral. De fait, pour limiter une possible contestation, voire de possibles conflits des acteurs locaux n'appartenant pas au système Centre-régions, les acteurs du système Centre-régions ont tout intérêt à entretenir un flou dans la signification des concepts et modèles organisationnels exogènes (augmentant par effet rétroactif l'instabilité institutionnelle locale) et freiner l'émergence d'une gouvernance locale inclusive (pouvant diminuer le flou des concepts et modèles). De nombreux acteurs locaux n'appartenant pas au système Centre-régions proposent dès lors d'expliquer cette incapacité à favoriser une gouvernance locale inclusive autant par les spécificités organisationnelles historiques que par les caractéristiques géographiques du pays : « tout simplement Moscou est loin [géographiquement] et si une quelconque entreprise a besoin d'aide, on ne l'entend pas, ça aussi c'est possible. Non pas parce que quelqu'un est mauvais, mais parce que le système de boucles rétroactives entre les entreprises et l'État a été très mal pensé. Le système de motivation des fonctionnaires ne correspond pas aux déclarations étatiques des objectifs fixés » déclarait un entrepreneur de Novossibirsk.

En Russie, les acteurs régionaux du système Centre-régions n'ont pas un accès illimité aux financements étatiques. Au vu des rapports de force internes au système Centre-régions, rien ne peut garantir que les budgets alloués à chaque région – selon ses spécificités productives et sectorielles – peuvent être progressifs et évoluer en fonction des initiatives locales. Dans ce contexte, toute impulsion du Centre peut devenir l'objet d'une concurrence interterritoriale afin de monopoliser les relations Centre-régions et justifier l'apport de financements supplémentaires du budget fédéral. De fait, ce n'est pas tant un programme en particulier que le cumul de divers programmes (de développement territorial) qui importe aux décideurs publics régionaux. À propos de la politique des « clusters territoriaux d'innovation », un entrepreneur de Novossibirsk affirmait : « le cluster, c'est un mécanisme de concurrence entre régions pour obtenir les ressources [financières] fédérales ». Cette assertion se retrouve dans les propos d'autres acteurs locaux. Ainsi, un fonctionnaire de Tomsk précisait : « Je me souviens du processus de rédaction des propositions [de programmes d'État des « clusters territoriaux d'innovation »] [...] dès qu'on a su que le ministère du Développement économique distribuait de l'argent [les décideurs locaux ont conclu] on a des entreprises [pouvant correspondre aux exigences étatiques], élaborons une liste, ont inventera un truc, déposons notre candidature, peut-être on arrivera à avoir quelque chose ». Cette tactique des décideurs publics régionaux n'est pas propre à la politique des « clusters territoriaux d'innovation », elle se répète, quels que soient les projets territoriaux et sectoriels subventionnés par l'État. Ainsi, les régions peuvent cumuler une multiplicité de programmes et de fait augmenter les aides perçues du budget fédéral. Dans le cas de Novossibirsk, s'ajoute au programme étatique du « cluster territorial d'innovation » (axé sur les technologies de l'information et la biopharmacie et appliqué sur la période 2013-2017) à la fois le programme-cible pour « le développement de l'industrie médicale de l'oblast de Novossibirsk sur la période 2014-2018 » et le programme d'État pour le « développement de l'industrie et l'accroissement de la concurrence dans l'oblast de Novossibirsk sur la période 2015-2020 » qui contiennent différentes mesures pour encourager les dynamiques d'innovation des organisations (universités et entreprises) locales et par ce biais augmenter la compétitivité de l'industrie médicale régionale. Pour de nombreux acteurs locaux, cet éventail de programmes (initiés et appliqués verticalement par les différents ministères, mais aussi par des ministères locaux et doumas locales) contribue à « brouiller » l'orientation, le rythme, mais aussi la distinction des acteurs clés, du développement territorial. Par effet rétroactif, le fossé (organisationnel, cognitif, etc.) entre les différents noyaux de gouvernance émergeant à l'échelle locale s'accroît. De fait, en Russie, une gouvernance locale inclusive s'avère indispensable moins pour donner un accès à la gouvernance locale à un grand nombre d'acteurs locaux que pour éviter les externalités négatives que divers noyaux de gouvernance peuvent générer à l'échelle du territoire.

Partant du postulat que la politique des « clusters territoriaux d'innovation » est réduite par les décideurs publics (locaux) russes à une politique publique parmi d'autres, l'émergence d'une gouvernance locale inclusive à l'échelle des systèmes productifs locaux visés (sous-entendu dans le concept de « cluster territorial d'innovation ») n'a que très peu de chance de se réaliser. De même, la constitution de repères institutionnels durables n'est pas une priorité dans les stratégies de développement territorial des décideurs publics locaux russes. Pour les entreprises, l'échec d'une gouvernance locale inclusive, ainsi que l'incapacité des décideurs publics à contribuer significativement à l'émergence de repères institutionnels durables, favorisent l'idée à l'échelle locale que l'innovation n'est pas déterminante pour se maintenir sur les marchés local et national russes et encourage par effet rétroactif les entreprises à intégrer de nouveaux marchés par des comportements « prédateurs » (Volkov, 2000), mais aussi à s'en protéger par un ancrage territorial fort. À ce sujet, un fonctionnaire de Novossibirsk interrogé pendant l'étude de terrain insistait sur la spécificité du contexte institutionnel de l'économie de marché post-soviétique russe, à savoir la faible performance du système judiciaire russe ayant pour conséquences de vider de son sens le concept de « propriété individuelle » : « avec notre système fiscal, tu ne sais jamais où et quand tu tomberas. C'est la législation et le risque d'application de la loi. Nous n'avons pas de système d'application de la réglementation. On peut à tout moment t'accuser, t'enfermer, te déposséder de ton entreprise, et tu n'es pas du tout protégé. Il n'y a absolument pas de tribunal ni de justice. Tu agis à tes risques et périls. C'est une régulation étatique complètement dingue et anormale ». Ce genre d'analyse de l'environnement institutionnel local et/ou national favorise en Russie une situation où « la part essentielle de l'activité économique réalisée en dehors du contrôle de l'État revient non pas aux entreprises illégales (« clandestines »), mais aux entreprises tout à fait légales qui cachent une partie de leurs activités à l'enregistrement légal. Dans ce contexte, le critère « d'illégalité » du contenu des affaires devient secondaire » (Fontanel & al., 2005, p.158). Le gouvernement russe, dans la rédaction de la « Conception du développement socio-économique de long terme de la Fédération de Russie sur la période 2008-2020 »[43], parlait à ce sujet de l'émergence d'un « nihilisme juridique » : « en Russie, un fossé significatif s'est creusé entre les normes formelles (les lois) et les normes informelles (le comportement réel des sujets économiques), qui se traduit par le faible degré de respect de la législation et par la tolérance de ce non-respect de la part des organes étatiques, du monde des affaires et de larges couches de la population, c'est-à-dire par un nihilisme juridique. Cette situation com-

[43] http://economy.gov.ru/minec/activity/sections/strategicPlanning/concept/indexdocs

plexifie significativement la formation de nouvelles institutions, englobant de fait, celles indispensables au développement d'une économie de l'innovation » (p.88).

Pourtant, pour les entreprises évoluant sur le marché international, c'est bien en innovant qu'elles peuvent être et rester compétitives. Ces entreprises cherchent alors ouvertement à limiter au maximum les interactions avec l'État (ou les groupes d'acteurs internes à l'appareil étatique), mais s'efforcent de valoriser les externalités des différents noyaux de gouvernance créés à l'échelle du territoire – quitte à s'intégrer de façon ponctuelle aux différents noyaux de gouvernance – , mais aussi des dynamiques de réseau qui s'y rattachent. Mais en limitant au maximum les interactions avec l'État, le risque est aussi de rejeter toute possibilité d'émergence, voire conceptualisation, d'un « territoire d'innovation » – c'est-à-dire un territoire couplant des dispositifs étatiques mis en place à l'échelle nationale avec des stratégies collectives locales pour favoriser l'émergence et/ou le renforcement d'atouts productifs locaux – par les entreprises locales. Étant persuadées qu'une gouvernance inclusive est impossible à initier avec les acteurs étatiques, les entreprises locales favorisent la constitution de repères institutionnels freinant le dialogue inter-acteurs de la gouvernance locale. Une vision manichéenne entre sphères publique et privée se diffuse alors à l'échelle locale : « à mon avis, le principal problème est que les fonctionnaires quand ils créent, ou tentent de créer de nouveaux outils, comme un cluster, ils ne comprennent pas vraiment comment obtenir une synergie avec les autres participants. S'ils s'étaient confrontés à l'atmosphère du business, s'ils écoutaient plus attentivement les représentants de l'Entreprise, s'ils essayaient moins de contrôler ce processus, ce serait beaucoup plus simple et beaucoup plus efficace. Ils n'ont, à mon avis, pas de compréhension, parce qu'ils ne sont pas des hommes d'affaires, ce qui signifie qu'ils ne sont pas des hommes d'affaires, mais des fonctionnaires qui sont habitués à travailler sur de quelconques fonds publics, c'est-à-dire qu'ils détiennent un financement permanent. Cela veut aussi dire qu'ils ont probablement un autre but, une autre façon de penser, en ce sens c'est sans doute en principe, ce qui reflète les spécificités russes, c'est-à-dire qu'on n'a sans doute pas les bonnes personnes à la tête du pays, disons-le ainsi » expliquait un entrepreneur de Tomsk. Dans ce contexte, les ressources territoriales (organisationnelles, cognitives, financières, relatives au « réservoir » de connaissances, etc.) sont sous-valorisées. Mais c'est aussi en sous-valorisant les ressources territoriales que les acteurs locaux peuvent freiner l'intensité des crises systémiques relatives à l'instabilité institutionnelle. En effet, les différents réseaux territoriaux émergeant à l'échelle locale sont autant de « garde-fous » pour la stabilité institutionnelle locale (soit une nécessité pour les acteurs locaux d'anticiper les potentielles dynamiques d'instabilité institutionnelle locale) que de goulots d'étranglement pour les projets de développement territorial de l'État central (soit une incapacité des acteurs du Centre à accélérer significativement la modernisation économique des territoires pour renforcer leurs capacités d'adaptation aux crises systémiques). De fait, dans le cadre de la politique d'introduction de « clusters territoriaux d'innovation » dans les régions russes, les acteurs locaux, bien que participant à la formulation et à l'intégration du modèle organisationnel dans le territoire – du moins dans la première phase, celle de la rédaction du programme –, peuvent rejeter la « greffe » non pas en raison des difficultés à réduire l'asymétrie des proximités territoriales (géographique, organisationnelle, cognitive) locales (soit à initier une dynamique de gouvernance locale inclusive), mais parce que les stratégies des acteurs étatiques (du système Centre-régions) pour « survivre » ne correspondent pas aux objectifs du gouvernement russe, à savoir une modernisation de l'appareil productif national.

Émergeant de façon croissante, de plus en plus aléatoire et d'intensité toujours plus variable sous l'impulsion des dynamiques accrues de globalisation (augmentation de la complexité et de la vitesse des flux de marchandises, d'informations, de personnes, etc.), mais aussi de crises politiques entre les États (entraînant des embargos et sanctions commerciales), les crises systémiques influent sur les performances des économies nationales. Remarquant le rôle primordial des systèmes institutionnels et de leurs spécificités socio-organisationnelles – autant celles qui les renforcent que celles qui l'affaiblissent – dans les processus d'adaptation (aux crises systémiques) du maillage d'acteurs privés et publics répartis sur le territoire national, les économistes évolutionnistes (Nelson, 1993 ; Freeman, 1995) ont forgé le concept de « système national d'innovation ». Ce dernier se définissant comme l'ensemble des institutions privées et publiques, qui par leurs interactions (flux d'informations, de connaissances, de biens, de services et de personnes), contribuent à favoriser l'intégration de dynamiques d'innovation dans les circuits économiques nationaux dans l'objectif de renforcer la compétitivité de l'appareil productif national (Laperche & Uzunidis, 2007). En menant une analyse de la performance du système national d'innovation russe par le biais d'une approche territoriale (c'est à dire en termes de systèmes territoriaux), il est possible de montrer que les interactions, encouragées par les politiques d'innovation, qui se dessinent à l'échelle des territoires russes – sélectionnés par le gouvernement russe pour devenir des régions motrices de l'économie nationale – ne contribuent pas à forger un projet de développement territorial collectif durable dans le temps. Cette relative incapacité à coordonner les acteurs territoriaux clés (entreprises, universités, administrations publiques, associations, etc.) de ces régions pour favoriser et/ou renforcer la cohésion des proximités territoriales, mais aussi décupler les dynamiques d'innovation localisées diminue les capacités de résilience et la compétitivité des territoires, et fragilise à moyen-long terme le système national d'innovation russe.

> « *La France n'a pas trente-deux millions d'habitants, et la Russie en a plus de quarante-six ; cependant quel téméraire oserait dire que la puissance et la richesse de la Russie sont de moitié supérieures à la puissance, à la richesse de la France ? Notre patrie l'emporte de beaucoup sur l'empire des Czars, et pour la somme des fortunes particulières, et pour la grandeur des revenus publics ; si la France et la Russie, privées également d'alliés, devaient lutter corps à corps, dans une guerre qui, des deux côtés, fût également nationale, je ne crains pas de le dire, ce n'est pas la population la plus compacte, la plus industrieuse et la plus opulente qui pourrait craindre de succomber* »
>
> (Dupin, 1827, p.2, Livre premier).

Conclusion

L'introduction en Russie de « clusters territoriaux d'innovation » dans des territoires à fort potentiel de développement répond à une pluralité d'objectifs : moderniser le système productif national, renforcer la résilience des territoires, soutenir les organisations (entreprises, universités, instituts de recherche, etc.) qui innovent, décloisonner les secteurs, valoriser le « réservoir » de connaissances de la période soviétique, etc. Le choix de mobiliser un modèle théorique (le « cluster territorial d'innovation ») donnant une place importante aux interactions et relations des acteurs territoriaux locaux s'inscrit dans l'idée que l'innovation ne se décrète pas. En effet, dans cette perspective évolutionniste, ce ne sont plus seulement les organisations qui innovent, mais aussi et surtout l'organisation territoriale locale dans laquelle elles se trouvent. Pour agir, c'est-à-dire orienter, moderniser, impulser de nouvelles dynamiques sur ce milieu local, les décideurs publics disposent d'une diversité de leviers d'action (soit des modèles théoriques privilégiant autant l'aspect territorial que sectoriel, voire la combinaison des deux). En s'appropriant le concept porterien, les décideurs publics régionaux russes ont cherché avant tout à renforcer les capacités de résilience de leurs territoires. Cependant, l'hétérogénéité des concepts forgés par les différents territoires et les budgets que les régions demandaient au gouvernement fédéral pour justifier l'application du concept ont poussé l'État central à se positionner. Dans ce contexte, la décision de ce dernier de « stabiliser » le concept de Porter (« cluster ») répondait à un double objectif : forger un concept théorique (soit ici le « cluster territorial d'innovation ») sur la base des travaux de Porter et des économistes soviétiques pour permettre aux décideurs publics régionaux de s'approprier plus rapidement un concept jusque là assez flou et donner un rôle plus important à l'État central dans l'orientation et le rythme de modernisation des atouts productifs de divers territoires. Mais, l'élaboration d'un concept audacieux sur le plan théorique ne suffit pas, il faut encore que son processus d'intégration soit pensé dans le contexte spécifique de l'organisation intra et inter territoriale dans lequel il s'inscrit. En effet, à la lumière d'une étude menée en Sibérie occidentale dans deux oblasts (Novossibirsk et Tomsk), le processus d'intégration (soit les différentes étapes) demeure crucial pour qu'une majorité d'acteurs locaux s'approprient le concept. L'appropriation d'un concept exogène à un territoire s'accompagne presque toujours d'un processus de constitution de repères institutionnels. Ce dernier contribue fortement à adapter le concept aux spécificités organisationnelles locales. En effet, les repères institutionnels ne sont pas statiques, ils évoluent progressivement sous l'impulsion des dynamiques d'apprentissage collectif des acteurs locaux. Cependant, ce processus de constitution de repères institutionnels peut être fragilisé par le milieu socio-institutionnel dans lequel évoluent les acteurs locaux. De fait, la relative absence de référentiels stables – ou le trop grand nombre, entraînant une confusion dans l'appréciation de leur impact – peut résulter autant des dynamiques d'instabilité institutionnelle territorialisées à l'œuvre que de l'incapacité des acteurs à s'approprier de nouveaux modèles organisationnels. Cette incapacité porte aussi sur des modèles appelant les acteurs du développement territorial à tisser une gouvernance locale inclusive, comme le montre l'étude du cas de l'application du concept de « cluster territorial d'innovation » en Russie.

Les territoires russes étant appréhendés dans cet ouvrage comme des systèmes territoriaux soumis à des dynamiques à la fois de globalisation croissante et d'organisation territoriale spécifique à l'histoire nationale – soit un développement territorial fortement influencé par des mécanismes organisationnels Centre-régions – , l'analyse des territoires russes montre des systèmes socio-institutionnels localisés affaiblis par des dynamiques d'instabilité institutionnelle récurrentes. Par ailleurs, même si une diversité d'acteurs locaux s'efforce d'élaborer des stratégies collectives pour se coordonner en minimisant le rôle des acteurs du système organisationnel Centre-régions, mais aussi pour renforcer la compétitivité des entreprises locales sur le marché international, la gouvernance locale intra territoriale, demeure fragilisée (décrédibilisation de la capacité de l'État à réorganiser les dynamiques territoriales, émergence d'une diversité de noyaux de gouvernance, démultiplication des stratégies entrepreneuriales de court terme, etc.). Dans ce contexte, la question posée initialement dans l'introduction, à savoir « l'intégration d'un « cluster territorial d'innovation » à l'échelle locale peut-elle permettre à un territoire, fragilisé par un contexte institutionnel relativement instable, mais détenant des atouts productifs locaux avérés, de répondre à des objectifs de modernisation économique ? » prend tout son sens. Au regard de l'étude ciblant la trajectoire historique des territoires de Novossibirsk et Tomsk, ces deux régions disposent d'un « réservoir » de connaissances territorialisé acquis pendant la période soviétique non-négligeable que certaines entreprises ont pu et continuent d'exploiter pour innover, et rester compétitifs sur le marché international. Cependant, l'incapacité de l'État central à favoriser des dynamiques de gouvernance dite « inclusive » – soit englobant une majorité d'acteurs locaux dans les décisions relatives au développement territorial – au travers des différentes phases de l'intégration d'un « cluster territorial d'innovation » dans le territoire contribue à maintenir, voire parfois accentuer les dynamiques d'instabilité institutionnelle déjà ancrées dans les territoires russes. Ici, tout effort de modernisation est à mettre en parallèle avec les comportements et stratégies d'anticipation des entreprises locales.

L'étude de terrain mobilisée dans cet ouvrage, à savoir une analyse des dynamiques territoriales de Novossibirsk et Tomsk, a permis de mettre en lumière les difficultés des entreprises locales à forger (ou initier un processus de formation) de « nouveaux » repères institutionnels dans la durée à l'échelle de leur territoire. Les logiques de fonctionnement et objectifs du « cluster territorial d'innovation » demeurent difficiles à appréhender par les entreprises, mais aussi par d'autres acteurs (universités, instituts de recherche, associations, etc.) et/ou agents économiques locaux (entrepreneurs, cadres dirigeants, scientifiques, etc.). L'application du programme étatique relatif à l'intégration du « cluster territorial d'innovation » dans le territoire ne contribue pas à la réorganisation des dynamiques territoriales. Pourtant, privilégiant la constitution et le renforcement de liens « forts », certaines entreprises arrivent à exploiter des dynamiques de réseau transterritorial pouvant contribuer à valoriser le « réservoir » de connaissances territorialisé et innover. Dans ce contexte, l'impact du programme étatique sur la trajectoire des entreprises locales est difficile à mesurer. Cependant, postulant que la compétitivité des entreprises est étroitement liée aux dynamiques de coordination locale inter-acteurs, il est possible de constater que, suite à l'incapacité des acteurs territoriaux russes à favoriser l'émergence de repères institutionnels autour d'une politique étatique ayant pour but de renforcer les capacités de résilience des territoires, les ressources organisationnelles et cognitives des territoires sont sous-valorisées. De fait, il est possible ici de valider l'hypothèse proposée en introduction, à savoir que « les initiatives étatiques ayant pour but de favoriser l'émergence ou le renforcement d'un milieu innovateur à destination d'un territoire qui peine à stabiliser les repères institutionnels des acteurs et agents économiques le composant ne peuvent négliger le caractère inclusif de la gouvernance locale sous peine de fragiliser la résilience territoriale ». En effet, c'est par le biais d'une gouvernance locale dite « inclusive » que les différents acteurs locaux peuvent disposer, dans un milieu institutionnel qu'ils perçoivent comme instable, de nouveaux canaux informationnels pour interagir, se coordonner, redéfinir leurs stratégies collectives. Ces différentes actions sont décisives pour simultanément comprendre la nature des crises systémiques et apprendre collectivement à s'y adapter. Mais mettre en place une gouvernance locale de type inclusif ne se réalise pas en un jour, c'est en donnant une place importante à l'émergence et au renforcement de repères institutionnels durables dans les politiques de développement territorial que l'application de modèles organisationnels qui s'y rattachent pourra jouer un rôle significatif dans la réorganisation des dynamiques territoriales.

Si de nombreux pays (et régions) dans le monde ont encouragé les acteurs du local à prendre une plus grande place dans le développement territorial, c'est que la constitution d'un maillage réticulaire territorialisé autour de repères institutionnels communs permet de favoriser des dynamiques gagnant-gagnant pour s'adapter aux crises systémiques relevant des dynamiques de globalisation. En Russie, si les mécanismes Centre-régions n'ont pas évolué de manière significative depuis les années 1990, c'est que des logiques institutionnelles gagnant-perdant (favorisées par le retrait étatique massif de l'économie russe pendant les années 1990) continuent de dominer malgré les initiatives de modernisation initiées par les gouvernements successifs à la période eltsinienne (voire perdant-perdant sur le long terme). De fait, il est possible de constater que les acteurs du système Centre-régions se sont particulièrement bien adaptés aux évolutions socio-économiques russes. Cependant, cette adaptation nécessite d'être recontextualisée : depuis les années 1990, l'économie russe a hérité d'une industrie d'extraction et de transformation des matières premières particulièrement compétitive (mais aussi particulièrement variée) qui a progressivement accentué le déséquilibre de l'appareil productif national (malgré les diverses politiques de restructuration du système productif national mises en œuvre). Partiellement renationalisée par le biais de corporations d'État au cours du premier mandat du président Vladimir Poutine, cette industrie a permis à l'État de s'approprier une rente non négligeable dès le milieu des années 2000. Combinée à un pouvoir étatique cherchant à (re)contrôler l'organisation et le développement des territoires, cette renationalisation a offert aux acteurs du système Centre-régions l'opportunité de renforcer le rôle des mécanismes organisationnels Centre-régions (et des dynamiques gagnant-perdant qui en découlent), mais aussi de pouvoir influencer significativement l'orientation et les volumes des budgets alloués au développement territorial.

Les « économies de rente » sont fragiles. Elles le sont d'autant plus quand leur système institutionnel (national et régional) est fortement influencé par l'existence d'un système organisationnel Centre-régions qui tend à s'adapter particulièrement bien aux différentes crises systémiques. En effet, en cherchant à renforcer leur poids dans l'architecture institutionnelle étatique, les acteurs du système Centre-régions mènent diverses stratégies collectives pour influer autant sur la nature des institutions (soit l'interprétabilité des règles) que sur l'allocation des ressources étatiques (soit la justification et le volume des financements demandés à l'État). Dans ce contexte, les territoires peinent à trouver en l'État un partenaire fiable qui pourrait renforcer leurs capacités de résilience. Pourtant, c'est bien par le biais d'une gouvernance locale commune entre les acteurs du système étatique Centre-régions et les divers acteurs traditionnellement exclus des politiques de développement territorial que de nouveaux repères institutionnels durables peuvent émerger et contribuer à jouer un rôle décisif dans la modernisation des territoires. Aujourd'hui et depuis la transition institutionnelle du début des années 1990, la Russie peine toujours à agglomérer les différents noyaux de gouvernances émergeant à l'échelle d'un territoire. Cette incapacité à restructurer l'organisation intra territoriale fragilise les systèmes territoriaux d'innovation russes. Ces faibles capacités de résilience des territoires d'innovation se répercutent alors sur la performance du système national d'innovation et nuancent significativement les effets des diverses politiques territoriales d'innovation menées depuis les années 1990.

Bibliographie

-Académie des sciences de l'URSS, 1956, *Manuel d'économie politique*, Institut d'économie, Editions sociales, Paris, traduction de « Polititsheskaia Ekonmiia », 1955, Moscou.

-Amable B, 2005, *Les cinq capitalismes, Diversité des systèmes économiques et sociaux dans la mondialisation*, Ed. Seuil, Paris.

-Angeon V, Vollet D, 2008, Spécificité des produits et développement territorial. L'exemple paradoxal du panier de biens en émergence de l'Aubrac, *Revue d'Économie Régionale & Urbaine*, novembre, n°4, p.591-615.

-Arthur W-B, 1989, "Competing Technologies, Increasing Returns, and Lock-In by Historical Events", *Economic Journal*, Vol.99, n°394, mars, p.116-131.

-Astley W-G, Fombrun C-J, 1983, "Collective strategy: social ecology of organizational environments", *Academy of Management Review*, Vol.8, n°4, p.576-587.

-Aydalot P, 1986, Cycle technologique et restructuration régionale, in : *Les technologies nouvelles et les formes actuelles de la division spatiale du travail*, Cahier du C3E, n°47, p.40-52.

-Bache I, Flinders M, (eds.), 2004, *Multi-level governance*, Oxford University Press, New-York.

-Badie B, 1992, *L'État importé, l'occidentalisation de l'ordre politique*, Collection L'espace du politique, Fayard.

-Bagnasco A, Trigilia C, 1993, *La construction sociale du marché, le défi de la troisième Italie*, Cachan, Ed. ENS-Cachan.

-Baron C, Transfert du concept d'économie solidaire en afrique francophone : paradoxes et atouts, *Revue Tiers Monde*, Vol.190, n°2, p.325-342.

-Becattini G, 1990, "The Marshallian Industrial District as a Socio-Economic Notion", in: Pyke F, Becattini G, Sengenberger W, *Industrial Districts and Inter-firm Cooperation in Italy*,
International Institut for Labor Studies, Geneva, p.37-51.

-Bel M, 2009, Compétences et dynamiques territoriales : quelles interactions ?, *Géographie, économie, société*, Vol.11, n°3, p.213-232.

-Benaroya F, 2006, La transition russe, ou la redécouverte de la complexité du marché, L'Économie politique, Vol.°32, n°4, p.41-54.
-Benini R, 1987, Politique urbaine et politique régionale en U.R.S.S. : à la recherche d'une convergence, *Revue d'études comparatives Est-Ouest*, Vol.18, n°3, p.147-165.
-Bernardini J-J, Dejean E, 2007, Cluster, innovation et économie territoriale. L'exemple des pôles de compétitivité, in : Boutillier S, Uzunidis D, (eds.), 2007, *La gouvernance de l'innovation, marché et orgnanisations*, L'Harmattan, Série Economie et Innovation, Collection l'esprit économique, Paris, Chap.IV, p.79-96.
-Beuret J-E, 2006, *La conduite de la concertation : Pour la gestion de l'environnement et le partage des ressources*, Editions L'Harmattan, Paris.
-Bonnet N, 2009, Proximités et résiliences d'un territoire : les réseaux d'entreprises innovantes dans l'aire urbaine de Montpellier, *Revue d'Économie Régionale & Urbaine*, juillet, n°3, p.573-598.
-Bornstein M, 1985, *Le transfert de la technologie occidentale à l'URSS*, OCDE, Paris.
-Boshma R, 2004, Proximité et innovation, *Économie rurale*, n°280, p.8-24.
-Boudon R, Bourricaud F, 1982, *Dictionnaire critique de la sociologie*, 7ème édition – 3ème édition « Quadrige » : 2004, septembre, PUF, Paris.
-Bourcier D, 2007, Gouvernance participative et territoires, *Revue Juridique de l'Environnement*, numéro spécial, Le droit de l'environnement en Nouvelle-Calédonie, états des
lieux et perspectives, p.151-158.
-Boutillier S, 2006, L'entreprise artisanale, entre l'entrepreneur et la grande entreprise, *Marché et organisations*, Vol.1, n°1, p.17-37.
-Boyer R, 2001, L'économiste face aux innovations qui font époque. Les relations entre histoire et théorie, *Revue économique*,Vol.52, n°5, p.1065-1115.
-Boyer R, 2003, Les institutions dans la théorie de la régulation, *Cahiers d'économie Politique / Papers in Political Economy*, Vol.44, n°1, p.79-101.
-Bräutigam D, Xiaoyang T, 2011, Shenzhen africain : les zones économiques spéciales de la Chine en Afrique, *Outre-Terre*, Vol.30, n°4, p.133-149.
-Breschi S, Malerba F, 1997, "Sectoral innovation systems: technological regimes, Schumpeterian dynamics, and spatial boundaries", in:

Edquist C, 1997, *Systems of Innovation: Technologies, Institutions and Organization*, London / Washington, Pinter, p.130-156.
-Brusco S, 1982, "The Emilian Model: Productive Decentralisation and Social Integration", *Cambridge Journal of economics*, Vol.6, p.167-184.
-Buffet J, 2013, L'autonomie locale dans l'interdépendance sous Vladimir Poutine, Du centralisme régional de Leningrad l'utilité sociale des écologues en Carélie, *Revue d'études comparatives Est-Ouest*, Vol.44, n°2, p.69-108.
-Burt R, 1992, *Structural Holes: The Social Structure of Competition*, Cambridge, MA: Harvard University Press.
-Carluer F, 2004, *Pouvoir économique et espace, Analyses de la divergence régionale*, Série Côté cours, Collection La librairie des Humanités, l'Harmattan, Paris.
-Caron A, Torre A, 2006 « Vers une analyse des dimensions négatives de la proximité », Développement durable et territoires [En ligne], Dossier 7, mis en ligne le 10 mai, in :
http://developpementdurable.revues.org/2641
-Cavazzana-Calvo M, Debiais D, 2011, *Les biomédicaments*, Que-sais-je ? Puf, Paris.
-Chmatko N, 2002, Les usages des sciences économiques en Russie entre les années 1960 et 1990, *Histoire, économie et société*, 21e année, n°4, p.583-603.
-Coppin O, 2002, Le milieu innovateur : une approche par le système, *Innovations*, Vol. 16, n°2, p.29-50.
-Corolleur F, 2005, Entrepreneurs et territoires au sein des économies en transition, in : Bensahel L, Marchand P (eds.), 2005, *Les régions de Russie à l'épreuve des théories et pratiques économiques*, L'Harmattan, Paris, Chap.10, p.185-197.
-Courlet C, Pecqueur B, 1991, Systèmes locaux d'entreprises et externalités : un essai de typologie, *Revue d'Economie Régionale et Urbaine*, n°3-4, p.391-406.
-Crétiéneau A-M, 2007, L'adaptation institutionnelle de la Russie post-soviétique : entre faits et théories, *Innovations*, Vol.26, n°2, p.11-27.
-Crevoisier O, Jeannerat H, 2009, Les dynamiques territoriales de connaissance : relations multilocales et ancrage régional, *Revue d'économie industrielle*, 4e trimestre, n°128, p.77-99.
-Daucé F, 2004, L'administration russe, *L'Économie politique*, Vol.1, n°21, p.76-83.

-David P, 1985, "Clio and the Economics of QWERTY", *The American Economic Review*, Vol.75, n°2, Papers and Proceedings of the Ninety-Seventh Annual Meeting of the American Economic Association, May, p.332-337.
-De Boissieu C, Cohen D, De Pontbriand G, 1994, Le comportement des entreprises russes face à la transition, *Politique étrangère*, n°2, 59e année, p.419-434.
-Delamotte J, 1973, *Shchekino, entreprise soviétique pilote*, Collection « Relations sociales », Editions Économie et Humanisme, Les éditions ouvrières, Paris.
-Depretto J-P, 1997, *Les ouvriers en URSS, 1928-1941*, Publications de la Sorbonne, Institut d'études slaves.
-Douard J-P, Heitz M, 2003, Une lecture des réseaux d'entreprises : prise en compte des formes et des évolutions », *Revue française de gestion*, Vol.5, n°146, p.23-41.
-Duez P, 2011, La place de l'économie des territoires dans la construction d'une théorie générale intégrant l'espace, *Revue d'Économie Régionale & Urbaine*, octobre, n°4, p.735-764.
-Durand C, 2004, De la prédation à la rente, émergence et stabilisation d'une oligarchie capitaliste dans la métallurgie russe (1991-2002), *Géographie, économie, société*, Vol.6, n°1, p.23-42.
-Dupin C, 1827, *Des forces productives et commerciales de la France*, Bachelier, Paris.
-Dupuy C, Gilly J-P, 1996, Apprentissage organisationnel et dynamiques territoriales : une nouvelle approche des rapports entre groupes industriels et systèmes locaux d'innovation, in : Pecqueur B, (eds.), 1996, *Dynamiques territoriales et mutations économiques*, L'Harmattan, Paris, Chap.7, p.157-175.
-Duran P, Thoenig J-C, 1996, L'État et la gestion publique territoriale, *Revue française de science politique*, Vol.46, n°4, p.724-724.
-Djalili M-R, Kellner T, 2003, *Géopolitique de la nouvelle Asie centrale : de la fin de l'U.R.S.S. à l'après-11 septembre*, P.U.F., Paris.
-Dobry M, 2000, Les voies incertaines de la transitologie : choix stratégiques, séquences historiques, bifurcations et processus de path dependence, in : Les transitions démocratiques regards sur l'État de la « transitologie », *Revue française de science politique*, Presses de science Po, Vol.50, n°4-5, août-octobre, p.585-614.
-Eckert D, 2012, *Le monde russe*, 3ème édition, Collection Carré histoire, Hachette, Education, Technique, Paris.

-Elissalde B, 2002, Une géographie des territoires, *L'Information géographique*, Vol.65, p.193-205.
-Ferro M, 1985, Y a-t-il "trop de démocratie" en URSS?, *Economies, Sociétés, Civilisations* (Annales), juillet-août, n°4, p.811-827.
-Fominikh S-F, (eds.), 2015, Le comité de scientifiques de Tomsk pendant la Grande Guerre patriotique 1941-1945 : [Фоминых С.Ф. (руководитель авторского коллектива), Томский комитет ученых во время Великой Отечественной войны 1941-1945 гг.: Исторический очерк, Работа выполнена при поддержке гранта Правительства РФ П 220 в рамках проекта «Человек в меняющемся мире. Проблемы идентичности и социальной адаптации в истории и современности», N° 14.B25.31.0009, гранта РГНФ N°15-33-01331 «Общественные формы организации науки в Сибири в 1941-1991 гг.: значение и роль в социо-культурной и экономической модернизации советского общества» С.9-39. 2015.], in: *http://tsu.ru/rektor/doc/tsu_history.pdf*
-Fontan J-M, Klein J-L, Tremblay D-G, 2004, Innovation et société : pour élargir l'analyse des effets territoriaux de l'innovation, *Géographie, économie, société*, Vol.6, n°2, p.115-128.
-Fotanel J, Fontanel T, Page J, 2005, Le Tricentenaire, un effet d'entraînement pour l'économie de Saint-Pétersbourg, in : *Les régions de Russie à l'épreuve des théories et pratiques économiques*, sous la direction de Bensahel L, Marchand P, L'Harmattan, Paris, Chap.8, p.149-164.
-François H, Hirczak M, Senil N, 2006, Territoire et patrimoine : la co-construction d'une dynamique et de ses ressources, *Revue d'Économie Régionale & Urbaine*, décembre, n°5, p.683-700.
-Freeman C, 1995, "The National Innovation Systems in historical perspective", *Cambridge Journal of Economics*, Vol.19, n°1, p.5-24.
-Friedberg E, 1993 (réédition 1997), *Le pouvoir et la règle, Dynamiques de l'action organisée*, deuxième édition revue et complétée, Editions du Seuil, Paris.
-Gallego-Bono J, Lamanthe A, 2008, Entre « territorialisation » et « deterritorialisation ». Le cas de systèmes agroalimentaires traditionnels, in : Garnier J (eds.), 2008, *Des anciens tissus productifs aux nouveaux clusters : quelle transition ?* Collection Emploi, Industrie et Territoire, L'Harmattan, Paris, Chap.5, p.95-115.
-Gallego-Bono J, Garnier J, Rolfo S, 2008, La transition des anciens tissus productifs aux nouveaux clusters, in : Garnier J (eds.), 2008, *Des*

anciens tissus productifs aux nouveaux clusters : quelle transition ?, Collection Emploi, Industrie et Territoire, L'Harmattan, Paris, Chapitre introductif, p.11-28.
-Gagnon B, Palard J, 2005, Relations internationales des régions et fédéralisme. Les provinces canadiennes dans le contexte de l'intégration nord-américaine, *Revue internationale de politique comparée*, Vol.12, n°2, p.161-178.
-Garanina O, 2007, L'insertion économique internationale de la Russie actuelle : une approche d'économie politique internationale, Economies et finances, Université Pierre Mendès-France, Grenoble II, in : *https://tel.archives-ouvertes.fr/tel-00273023/*
-Gardet E, 2009, Modes de coordination instaurés par le pivot d'un réseau d'innovation : le cas d'un porteur de projet TPE, *Management & Avenir*, Vol.6, n°26, p.33-51.
-Gelman V, 2007, Le retour du Léviathan : la politique de recentralisation en Russie depuis 2000, *Critique internationale*, Vol.1, n°34, p.103-125.
-Gessat-Anstett, 2007, *Une Atlantide russe, Anthropologie de la mémoire en Russie post-soviétique*, Collection Recherches, Série Terrains anthropologiques, Ed. La Découverte, Paris.
-Gilly J-P, Torre A, 2000, *Dynamiques de proximité*, L'Harmattan, Paris.
-Granovetter M, 1985, "Economic Action and Social Structure: The problem of Embeddedness", *American journal of sociology*, n°91(3), p.481-510.
-Granovetter M, 2002, Un programme théorique pour la sociologie économique, in Granovetter, 2008, *Sociologie économique*, Editions du Seuil, Paris, Chap.6, p.223-268.
-Grémion P, 1976, *Le pouvoir périphérique*, Seuil, Paris.
-Guellec D, 2001, Les politiques de soutien à l'innovation technologique à l'aune de la théorie économique, *Économie & prévision*, Vol.4, n°150-151, p.95-105.
-Guesnier B, Lemaignan C, 2004, L'émergence des territoires créatifs, *Revue d'Économie Régionale & Urbaine*, février, n°1, p.135-146.
-Guilhot N, Schmitter P-C, 2000, De la transition à la consolidation. Une lecture rétrospective des democratization studies, *Revue française de science politique*, Vol.50, n°4-5, p.615-632.

-Gundolf K, Jaouen A, Loup S, 2006, Institutions locales et TPE dans le cas du tourisme, *Revue française de gestion*, Vol.167, n°8, p.141-155.
-Hamdouch A, 2008, Dynamique d'émergence et de structuration des clusters et réseaux d'innovation : revue critique de la littérature et éléments de problématisation, XLV Colloque de l'ASRDLF, Rimouski, Québec, 25-27 Août, in :
http://asrdlf2008.uqar.ca/Papiers%20en%20ligne/HAMDOUCH-A.pdf
-(Von) Hirschhausen C, 1996, *Du combinat socialiste à l'entreprise capitaliste, Une analyse des réformes industrielles en Europe de l'Est*, Collection « Pays de l'Est », L'Harmattan, Paris.
-Holcblat N, 1994, La privatisation en Europe de l'Est : problèmes, méthodes et réalités, in : *Économie et statistique,* n°279-280, Ouvertures à l'Est et au Sud, p.101-120.
-Hugon P, 1999, Le « consensus de Washington » en questions, *Tiers-Monde*, t.40, n°157, janvier-mars, Le libéralisme en questions, p.11-36.
-Jordan A, 1998, Crises de cohérence dans l'industrie (post-) soviétique : une mise en perspective historique, *Revue d'études comparatives Est-Ouest*, Vol.29, n°1, p.121-158.
-Juravlev S-V (eds.), 2014, La Grande Guerre patriotique 1941-1945, Tome 10 : [Журавлев С.В. (руководитель авторского коллектива), Великая Отечественная война 1941–1945 годов. В 12 т. Т. 10. Государство, общество и война. — М.: Кучково поле, 2014.], in :
http://encyclopedia.mil.ru/encyclopedia/books/vov/tom10.htm
-Khromov A-E, 2012, L'influence des cadres dirigeants du Sovnarkhoz dans la réalisation de la politique économique dans les régions de Sibérie (1957-1962) : [Хромов А.Е., Влияние руководящего кадрового состава совнархозов на реализацию хозяйственной политики в регионах Сибири (1957–1962 гг.), Статья подготовлена при финансовой поддержке РФФИ в рамках научно-исследовательского проекта « Системный анализ развития индустриальной политики на региональном уровне во второй половине 1950-х–первой половине 1960-х гг. (на материалах регионов Сибири) », проект N°11-06-90736 -моб_ст, 2012.] in:
http://www.history.nsc.ru/website/history-institute/var/custom/File/IE2012/17_Khromov.pdf

-Kolosovskii N-N, 1969, Théorie économique de la répartition territoriale : [Колосовский Н.Н. Теория экономического районирования. М.: Мысль, 1969.], in :
http://mealiness.ru/book/1448733.html
-Kornai J, 1992, *Le système socialiste, L'économie politique du communisme*, traduction française, 1996, Presses Universitaires de Grenoble.
-Kornai J, 2001, *La transformation économique postsocialiste, Dilemmes et décisions*, textes réunis et traduits sous la direction de Chavance B et Vahabi M, Editions de la Maison des sciences de l'homme, Paris.
-Kossals L, Ryvkina R, 2003, L'institutionnalisation de l'économie souterraine, *Revue du MAUSS*, Vol.1, n°21, p.135-144.
-Kouvaline, 2012, Les entreprises russes. Evolution des modèles de comportement (1991-2011), in : Sapir J, (eds.), 2012, *La transition russe, vingt ans après*, éditions des Syrtes, Paris, p.123-181.
-Kouznetsov V, 1997, *Les réformes russes ont-elles une logique ?* 9e conférence de François Perroux, Collège de France, Presses universitaires de Grenoble.
-Kumanev G-A, 2006, La guerre et l'évacuation en URSS : [Куманев Г.А. Война и эвакуация в СССР. 1941—1942 годы // Новая и новейшая история. № 6, 2006.], in:
http://vivovoco.astronet.ru/VV/JOURNAL/NEWHIST/EVACO.HTM
-Kuramin V-P, Pavlov V-I, Pavlov A-V, 1989, Le territoire du développement industriel, [Курамин В.П., Павлов В.И., Павлов А.В., Район промышленного освоения, Свердловск издательство уральского университета, 1989.]
-Labrousse A, 2002, L'économie est-allemande entre transfert institutionnel, dépendance du sentier et hybridation, in : *Revue d'études comparatives Est-Ouest*, Vol.33, n°2, Dossier : Les nouveaux Länder : un cas atypique de la transition?, p.137-168.
-Lacorne D, 1993, Essai sur le commerce atlantique des idées républicaines, in : Mény Y, (eds.), 1993, *Les politiques du mimétisme institutionnel, la greffe et le rejet*, L'Harmattan, Logiques politiques, p.39-60.
-Lane P-J, Koka B-R, Pathak S, 2006, "The reification of absorptive capacity: A critical review and rejuvenation of the construct", *Academy of Management Review*, n°31(4), p.833-863.
-Laperche B, Uzunidis D, 2007, Le Système national d'innovation russe en restructuration, *Innovations*, Vol.26, n°2, p.69-94.

-Laperche B, Uzuidis D, 2011, Crise, innovation et renouveau des territoires : dépendance de sentier et trajectoires d'évolution, *Innovations*, Vol.35, n°2, p.159-182.
-Laruelle M, 2006, Le nouveau rôle de la Russie en Asie centrale : les migrations de travail des Centre-asiatiques vers la Fédération russe, *Revue internationale et stratégique*, Vol.64, n°4, p.133-142.
-Leducq D, Lusso B, 2011, Le cluster innovant : conceptualisation et application territoriale, Cybergeo : European Journal of Geography [En ligne], Espace, Société, Territoire, document 521, mis en ligne le 07 mars 2011, *http://cybergeo.revues.org/23513*
-Leloup F, Moyart L, Pecqueur B, 2005, La gouvernance territoriale comme nouveau mode de coordination territoriale ?, *Géographie, économie, société*, Vol.7, n°4, p.321-332.
-Leroux I, 2006, Gouvernance territoriale et jeux de négociation. Pour une grille d'analyse fondée sur le paradigme stratégique, *Négociations*, Vol.2, n°6, p.83-98.
-Livet P, 1994, *La communauté virtuelle, action et communication*, Editions de l'éclat, Combas.
-Loinger G, 1998, L'aménagement du territoire face à la globalisation de l'économie, in : Loinger G, Némery J-C, (eds.), 1998, *Recomposition et développement des territoires, Enjeux économiques, processus, acteurs*, Introduction, p.15-38, L'Harmattan, Paris.
-Macfarlane S-N, 1995, La Communauté des États indépendants et la sécurité régionale, *Études internationales*, n°264, p.785-797.
-Maillat D, 2010, Globalisation, systèmes territoriaux de production et milieu innovateur, in : Cary P, Joyal A, (eds.), 2010, *Penser les territoires, En hommage à Georges Benko*, Collection géographie contemporaine, Presses de l'Université du Québec, Chap.2, p.37-54.
-Maillat D, Quevit M, Senn L, 1993, *Réseaux d'innovation et milieux innovateurs : un pari pour le développement régional*, GREMI, EDES, Neuchâtel.
-Malerba F, Orsenigo L, Selosse S, 2006, Biotechnologies et industrie pharmaceutique. Un modèle évolutionnaire conforme à l'histoire, *Revue de l'OFCE*, Vol.96, n°1, p.157-209.
-Marchand-Vaguet Y, 2005, La conquête des hydrocarbures en Sibérie occidentale, le modèle centre-périphérie revisité, *L'Espace géographique*, Vol 34, n°2, p.145-159.

-Marshall A, 1890, Organisation industrielle : la concentration d'industries spécialisées dans certaines localités, *Revue française d'économie*, Vol.5, n°3, 1990, p.155-170.
-Massardier G, 1996, *Expertise et aménagement du territoire, l'État savant*, Collection Logiques Politiques, L'Harmattan, Paris.
-Mateju P, 1999, "The renewal of the middle class and its political circumstances", in: Vecernik J, Mateju P, (eds.), 1999, *Ten years of rebuilding capitalism: Czech society after 1989*, Academia, Prague, p.207-227.
-Maurel M-C, 1982, *Territoire et stratégies soviétiques*, Collection Geographia, Economica, Paris.
-Maurel M-C, 2005, Temps de recomposition des territoires ruraux en Europe centrale. Retour sur une expérience de terrain, *Revue d'études comparatives Est-Ouest*, Vol.36, n°2, Trajectoires territoriales et économiques. Approches théoriques et méthodologiques, p.5-38.
-Mendez A, Mercier D, 2006, Compétences-clés de territoires. Le rôle des relations interorganisationnelles, *Revue française de gestion*, Vol.164, n°5, p.253-275.
-Mendez A, Ragazzi E, 2008, La dualité coopérative dans deux districts en transition, in : Garnier J (eds.), 2008, *Des anciens tissus productifs aux nouveaux clusters : quelle transition ?* Collection Emploi, Industrie et Territoire, L'Harmattan, Paris, Chap.3, p.53-70.
-Mendras M, 2001, La question de l'État : la recentralisation impossible, *Critique internationale*, Vol.12, n°3, p.145-157.
-Mény Y, 1993, La greffe et le rejet (Introduction), in : Mény Y, (eds.), 1993, *Les politiques du mimétisme institutionnel, la greffe et le rejet*, L'Harmattan, Logiques politiques, p.7-38.
-Miège B, 1989, *La société conquise par la communication*, tome.1, PUG, Grenoble.
-Minaev A-V (eds), 2013, La grande guerre patriotique 1941-1945, Tome 7 : [Минаев А.В. (руководитель авторского коллектива), Великая Отечественная война 1941–1945 годов. В 12 т. Т. 7. Экономика и оружие войны. —М.: Кучково поле, 2013.], in:
http://encyclopedia.mil.ru/encyclopedia/books/vov/tom7.htm
-Moine A, 2007, *Le territoire : comment observer un système complexe*, collection Itinéraires géographiques, l'Harmattan, Paris.
-Nekrylov S-A, Fominikh S-F, Stepnov A-O, 2014, La science et la pratique de la médecine dans la ville de Tomsk pendant les années de la Grande Guerre patriotique : [Некрылов С.А., Фоминых С.Ф.,

Степнов А.О., Науку и практическая медицина г. Томск в годы великой отечественной войны, Сибирский медицинский журнал, Научно-практический рецензируемый журнал, Т.29, С.131-138, 2014.], in :
http://cardio-tomsk.ru/attachments/article/590/SMJ_2014_3.pdf
-Nekrylov S-A, Lukov E-V, 2012, Le développement socio-économique de la Sibérie de l'après-guerre : [Некрылов С.А., Луков Е.В. Социально-экономическое развитие Сибири в послевоенный период: учеб. пособие. – Томск: Изд-во Том. ун-та, 2012.], in : *http://www.if.tsu.ru/chair2/nekrylov_lukov.pdf*
-Nelson R-R, (eds.), 1993, *National Innovation Systems: À Comparative Analysis*, New York: Oxford University Press.
-Nelson R, Winter S-G, 1982, *An Evolutionary Theory of Economic Change*, Cambridge, Belknap Press / Havard University Press.
-North D, 1990, *Institutions, institutional change and economic performence*, Cambridge, Cambridge University Press.
-North D-C, 2005, *Understanding the Process of Economic Change*, Princeton University Press, traduction fr., Michel Le Séac'h, 2005, Le processus du développement économique, Éditions d'Organisation, Paris.
-Nuti D-M, 1997, Transitions ou mutations. Pour une nouvelle économie politique de la transformation postcommuniste, *Revue économique*, Vol. 48, n°3, p.719-730.
-OCDE, 2005, Cadre pour les statistiques de biotechnologie, Groupe de travail des experts nationaux sur les indicateurs de science et de technologie, DSTI / EAS / STP / NESTI, n°8, FINAL, in :
http://www.oecd.org/fr/science/inno/35878269.pdf
-OCDE, 2006, Augmenter l'efficacité de la politique de l'innovation, Etudes économiques de l'OCDE, Chap. 4, Vol.17, n°17, p.165-208, in :
http://www.cairn.info/revue-etudes-economiques-de-l-ocde-2006-17-page-165.htm
-OCDE, 2008, II. Les enseignements tirés de l'expérience, *Revue de l'OCDE sur le Développement*, Vol.3, n°9, p.275-279.
-OCDE, 2009, "The Bioeconomy to 2030, Designing a policy agenda, Main Findings and Policy Conclusions", OECD International Futures Project, in:
http://www.oecd.org/futures/long-termtechnologicalsocietalchallenges/42837897.pdf

-OCDE, 2016, Science, technologie et industrie : Tableau de bord de l'OCDE 2015 – L'innovation au service de la croissance et de la société, Éditions OCDE, Paris, in :
http://dx.doi.org/10.1787/sti_scoreboard-2015-fr
-Palier B, Bonoli G, 1999, Phénomènes de Path Dependence et réformes des systèmes de protection sociale, *Revue française de science politique*, 49e année, n°3, p.399-420.
-Pecqueur B, 2007, L'économie territoriale : une autre analyse de la globalisation, *L'Économie politique*, Vol.33, n°1, p.41-52.
-Petrovski M, 2008, Les avatars des réformes russes. Le modèle néo-classique à l'épreuve de la réalité postsoviétique, in : Boutillier S, Peaucelle I, Uzunidis D, (eds.) 2008, *L'économie russe depuis 1990*, De boeck, Bruxelles, Chap.4, p.71-87.
-Petrovski M, Fabre R, 2002, La « thérapie » et les chocs : dix ans de transformation économique en Russie, *Hérodote*, Vol.1, n°104, p.144-165.
-Perrat J, 2012, Mutations industrielles et dynamiques territoriales, *Revue d'Économie Régionale & Urbaine*, février, n°1, p.45-64.
-Perroux F, 1964, *L'économie du XXème siècle*, deuxième édition augmentée, Presses universitaires de France, Paris.
-Pierson P, 2000, "Path Dependence, Increasing Returns, and the Study of Politics", *American Political Science Review*, Vol.94, n°2, p.251-267.
-Piore M, Sabel C, 1984, *The Second Industrial Divide*, Ed. Basic Books, New York.
-Pipes R, 1974, *Russia under the Old Regime*, trad. Kozovoï A, 2013, Histoire de la Russie des tsars, Ed. Perrin, Paris.
-Popper K, 1979, *Objective Knowledge*, Trad. Rosat J-J, 1991, La connaissance objective. Une approche évolutionnise, Collection Champs Essais, ed. Flammarion.
-Porter M, 1998, *On Competition*, Harvard Business School Press, Boston.
-Porter M 1990, *The competitive advantage of nations*, Free Press, New York.
-Potemkine M-N, 2002, L'Evacuation et les relations nationales à l'arrière soviétique pendant les années de la Grande Guerre patriotique : [Потемкина М.Н. Эвакуация и национальные отношения в советском тылу в годы Великой Отечественной войны // Отеч. история. № 3. 2002.], in :

http://militera.lib.ru/articles/1/abc/p_33016.html
-Radvanyi J, 1983, Le développement sibérien et la politique régionale soviétique, *Annales de Géographie*, t.92, n°510, p.152-171.
-Radvanyi J, 2010, *La nouvelle Russie : géographie économique et régionale*, Collection U, 4ème édition, Armand Colin, Paris.
-Radvanyi J, 2011, *Les États postsoviétiques : Identités en construction, transformations politiques, trajectoires économiques*, 3e édition, Armand Colin, Paris.
-Rallet A, Torre A, 2001, Proximité Géographique ou Proximité Organisationnelle ? Une analyse spatiale des coopérations technologiques dans les réseaux localisés d'innovation, in : *Economie Appliquée*, LIV, n°1, p.147-171.
-Raviot J-R, 2003, Les rapports centre-régions en Russie. Rééquilibrage et continuité, *Le Courrier des pays de l'Est*, Vol.3, n°1033, p.4-15.
-Rizopoulos Y, 1999, Stratégies organisationnelles et réseaux post-socialistes en Russie, *Revue d'études comparatives Est-Ouest*, Vol.30, n°2-3, Les économies post-socialistes : une décennie de transformation, p.283-302.
-Rizopoulos Y, Kichou L, 2001, L'innovation institutionnelle en tant que processus d'interactions organisationnelles, *Revue d'économie industrielle*, Vol.97, 4e trimestre, Organisations et institutions : la centralité des règles, p.139-152.
-Rolfo S, 2008, La gouvernance locale comme moteur de l'évolution des territoires, in : Garnier J (eds.), 2008, *Des anciens tissus productifs aux nouveaux clusters : quelle transition ?* Collection Emploi, Industrie et Territoire, L'Harmattan, Paris, Chap.12, p.183-192.
-Rolland-May C, 2003. Limites, discontinuités, continu : le paradoxe du flou, in : *L'information géographique*, Vol.67, n°1, p.1-20.
-Roumiantsev A-M, 1969, *Économie politique du communisme*, éd. du Progrès, Moscou.
-Royer L, 2002, De la Russie soviétique à la Russie de Poutine : l'évolution du pouvoir des régions, *Hérodote*, Vol.1, n°104, p.66-91.
-Samaganova A, 2008, L'efficience collective du cluster du logiciel de Saint-Pétersbourg, *Revue d'Économie Régionale & Urbaine*, juin, n°2, p.225-235.
-Samson I, Ternaux P, 2008, A la recherche des dynamiques institutionnelles : le cas des marchés du travail en Russie, in : Boutillier S, Peaucelle I, Uzunidis D, (eds.) 2008, *L'économie russe depuis 1990*, De boeck, Bruxelles, Chap.8, p.155-178.

-Sapir J, 2007, Alexeï Kossyguine et le destin de l'URSS, *Nouvelles Fondations*, Vol.2, n°6, p.134-142.
-Saunier G, 2000, Quelques réflexions sur le concept de Centre et Périphérie, *Hypothèses*, Vol.3, n°1, p.175-180.
-Schumpeter A-J, 1935, *Théorie de l'évolution économique, Recherches sur le profit, le crédit, l'intérêt et le cycle de la conjoncture*, Trad. Anstett J-J, 1999, ed. Dalloz, Paris.
-Schumpeter A-J, 1942, Capitalisme, Socialisme et Démocratie, édition électronique réalisée par Tremblay J-M, Chap.1-14, in :
http://masteremanagement.unblog.fr/2010/11/17/files/2011/01/capitalismesocialisme1jaschumpeter.pdf
-Sekkat K, 1987, Filières de production : revue de la littérature et comparaison avec la théorie néo-classique, *L'Actualité économique*, Vol.63, n°1, p.118-142.
-Sigman C, 2009, *Clubs politiques et perestroïka en Russie, Subversion sans dissidence*, Editions Kharthala, Paris.
-Simonov N-S, 1996, Le complexe militaro-industriel soviétique dans les années 1920-1950 : rythmes de croissance économique, structure, organisation de la production et gestion : [Симонов Н.С. Военно-промышленный комплекс СССР в 1920–1950-е годы: темпы экономического роста, структура, организация производства и управление. – М.: РОССПЭН, 1996.], in :
http://www.pseudology.org/colonels/VPK1920_1950.pdf
-Smirnov E-I, 1991, La clémence du front : [Смирнов Е.И. Фронтовое милосердие. — М.: Воениздат, 1991.], in:
http://militera.lib.ru/memo/russian/smirnov_ei/index.html
-Smotkine H, 1961, Les régions industrielles de l'Union des républiques socialistes soviétiques, *L'information géographique*, Vol.25, n°5, p.185-209.
-Sorlin P, 1963, Sur l'économie de guerre soviétique, Revue d'histoire de la deuxième guerre Mondiale, Vol.13, n°51, p.49-54,
www.jstor.org/stable/25729837
-Stark D, 1996, "Recombinant Property in East European Capitalism", *The American Journal of Sociology*, Vol.101, n°4, p.993-1027.
-Storper M, Harrison B, 1992, Flexibilité, hiérarchie et développement régional : les changements de structure des systèmes productifs industriels et leurs nouveaux modes de gouvernance dans les années 1990, in

: Benko G-B & Lipietz A, (eds.), 1992, *Les régions qui gagnent. Districts et réseaux : les nouveaux paradigmes de la géographie économique*, Puf, Paris, p.265-291.
-Tanguy C, Uzunidis D, 2016, Milieu innovateur et entrepreneuriat innovant : la force des proximités et des réseaux, Technologie et Innovation, Vol.1, n°1, in :
https://www.openscience.fr/IMG/pdf/iste_techinn_v1n1_2.pdf
-Thelen K, 2003, Comment les institutions évoluent : perspectives de l'analyse comparative historique, *L'Année de la régulation*, n°7, p.13-44.
-Thoris G, 1997, *Analyse économique des systèmes*, Ed. Armand Colin / Masson, Collection U, série « Économie », Paris.
-Tiraspolsky A, 1994, Régions et transition en Russie, Politique étrangère, n°2, 59ème année, p.435-454.
-Torre A, 2000, Économie de la proximité et activités agricoles et agroalimentaires. Eléments d'un programme de recherche, *Revue d'Economie Régionale et Urbaine*, n°3, p.407-426.
-Torre A, 2006, Clusters et systèmes locaux d'innovation : Un retour critique sur les hypothèses naturalistes de la transmission des connaissances à l'aide des catégories de l'économie de la proximité, Région et Développement, n°24, p.15-43, in : *http://andre-torre.com/pdf/PDFpub7N1.pdf*
-Torre A, 2009, Retour sur la notion de proximité géographique, *Géographie, Économie, Société*, Vol.11, n°1, p.63-75.
-Torre A, 2011, Les processus de gouvernance territoriale. L'apport des proximités, *Pour*, Vol.209-210, n°2, p.114-122.
-Torre A, Beuret J-E, 2012, *Proximités territoriales, Construire la gouvernance des territoires, entre conventions, conflits et concertations*, Economica, Anthropos, Paris.
-Uzunidis D, 2010, Milieu innovateur, relations de proximité et entrepreneuriat. Analyse d'une alchimie féconde, *Revue canadienne des sciences régionales*, n°33, p.91-102.
-Van Den Bosch F-A-J, Volberda H-W, De Boer M, 1999, "Coevolution of firm absorptive capacities and knowledge environment: organizational forms and combinative capabilities", *Organization Science*, Vol.10, n°5, p.551-568.
-Vant A, 1998, Proximité et géographies, in : Bellet M, Kirat T, Largeron C, (eds.), 1998, *Approches multiformes de la proximité*, Hermes, Paris, Chap.5, p.101-119.

-Veblen T, 1899, *Théorie de la classe de loisir*, trad. Evrard L, 1970, Ed. Gallimard, Collection Tel, Paris.
-Volkov V, 2000, Les entreprises de violence dans la Russie postcommuniste, *Politix*, Vol.13, n°49, 1er trimestre, p.57-75.
-Werth N, 2004, La société et la guerre dans les espaces russe et soviétique, 1914-1946, *Histoire, économie et société*, 23e année, n°2 ; La société, la guerre, la paix, 1911-1946, p.191-214.
-Wilkinson F, 1983, "Productive Systems", *Cambridge Journal of Economics*, Vol.7, n°3-4, Sept / Dec, p.413-429.
-Woessner R, 2010, La territorialisation : proposition pour la compréhension du phénomène par une entrée systémique, *Revue d'Économie Régionale & Urbaine*, octobre, n°4, p.669-685.
-Woroniak A, 1976, Les aspects économiques de la détente soviéto-américaine, *Revue d'études comparatives Est-Ouest*, Vol.7, n°3, p.49-88.
-Yami S, 2006, Fondements et perspectives des stratégies collectives, *Revue française de gestion*, Vol.8, n°167, p.91-104.
-Yefimov V, 1997, Approche institutionnelle de l'analyse de la transition (le cas de l'agriculture du Nord-Kazakhstan), *Revue d'études comparatives Est-Ouest*, Vol.28, n°2, p.99-119.
-Yefimov V, 2003, *Économie institutionnelle des transformations agraires en Russie*, L'Harmattan, Collection Pays de l'Est, Paris.
-Zahra S-A, George G, 2002, "Absorptive capacity: a review, reconceptualisation, and extension", *Academy of Management Review*, Vol.27, n°2, p.185-203.
-Zaslavkaia T-I, 1983, Questions théoriques de recherches de la struture socio-territoriale de la société soviétique : [Заславская Т.И. Теоретические вопросы исследования социально-территориальной структуры советского общества // Методологические проблемы комплексных исследований, Новосибирск: Наука, 1983.]
-Zimmermann J-B, 2008, Le territoire dans l'analyse économique. Proximité géographique et proximité organisée, *Revue française de gestion*, Vol.184, n°4, p.105-118.

Sommaire

Liste des encadrés

Revue « Marché et Organisations »
L'Harmattan

Cahiers d'économie et de gestion thématiques dont le but est de promouvoir la recherche originale sur les relations de plus en plus étroites qui se tissent entre le marché et les organisations. Les acteurs économiques de taille, de puissance et de pouvoir différents dont les intérêts peuvent être convergents, complémentaires ou, le plus souvent, antagoniques, ont tendance à organiser les marchés. La raison du marché, pourtant, est la référence stratégique pour l'entreprise ainsi que pour les institutions publiques de décision économique.

Numéros parus :

N°1 : Artisanat. La modernité réinventée, 2006
N°2 : La petite entreprise, elle a tout d'une grande. De l'accompagnement aux choix stratégiques, 2006
N°3 : Tourisme et Innovation. La force créative des loisirs, 2007
N°4 : Le travail. Formes récentes et nouvelles questions, 2007
N°5 : Les universités et l'innovation. L'enseignement et la recherche dans l'économie des connaissances, 2007
N°6 : Entrepreneuriat et accompagnement. Outils, actions et paradigmes nouveaux, 2008
N°7 : Développement durable des territoires. Economie sociale, environnement et innovations, 2008
N°8 : Développement durable et responsabilité sociale des acteurs, 2009
N°9 : Gouvernance : exercices de pouvoir, 2009
N°10 : Le travail collaboratif. Une innovation générique, 2009
N°11 : Economie sociale et solidaire. Nouvelles trajectoires d'innovations, 2010
N°12 : Relations à la marque et marques de la relation. Regards croisés sur le management relationnel de la marque, 2010
N°13 : Les contrats au service de la recherche ?, 2011
N°14 : Le potentiel économique de l'Afrique subsaharienne, 2011
N°15 : Management de la distribution, 2012
N°16 : Territoire Vert. Entreprises, Institutions, Innovations, 2012
N°17 : Eco-conception, conception et innovation. Les nouveaux défis de l'entreprise, 2013
N°18 : Intelligence économique : entreprises et territoires, 2013
N°19 : La finance globale. Un monde fini, 2013
N°20 : La crise du « développement », 2014
N°21 : La Chine innove. Politiques publiques et stratégies d'entreprise, 2014
N°22 : Go East! Nouvelles Economies de Marché, 2015
N°23 : L'économie du changement, 2015
N°24 : Le temps des artisans. Permanences et mutations, 2015
N°25 : Innovations de proximité et esprit d'entreprise, 2016
N°26 : L'avenir des économies du Maghreb : entre inertie structurelle et envie de rupture, 2016/3 (n° 27)
N°27 : Le sport aux frontières du marché du travail, 2016
N°28 : Dynamiques internationales des entreprises, 2017
N°29 : L'univers du risque, 2017
N°30 : Les petites entreprises dans l'histoire industrielle, 2017

Collection « L'esprit économique »

fondée par Sophie Boutillier et Dimitri Uzunidis en 1996
dirigée par Sophie Boutillier, Blandine Laperche, Dimitri Uzunidis

Dernières parutions

► ***Série Economie et Innovation***
N. ABBES, *L'entreprise responsable. De la responsabilité sociétale à la communication environnementale*, 2013.
Z. LIU, *Politiques d'innovation et pme en France. Une histoire de liens faibles*, 2013.
E. BESANÇON, N. CHOCHOY, T. GUYON, *L'innovation sociale. Principes et fondements d'un concept*, 2013.
F. PAUN, L. ALEXANDRE-LECLAIR, I. VAILEANU-PAUN, *Innover ou périr. Paroles d'experts*, 2014.
F. ABADA, *Individualiser son offre au moindre coût*, 2015.
S. MAHREZ, La division cognitive du travail dans le capitalisme postfordiste, 2016.
M.-J. POLLET-VILLARD, *L'innovation dans les services. cadre d'une analyse dynamique fondée sur les réseaux*, 2017.
B. CHRISTOPHE, *La décroissance écologique transforme l'entreprise*, 2017.
► ***Série Le Monde en Question***
T. BRUGVIN, *Le commerce équitable et éthique. Opportunités et limites*, 2014.
W. AMEDZRO St-HILAIRE, *Le capital global et sa régulation*, 2014.
W. AMEDZRO St-HILAIRE, *Reconstruire l'Afrique. Nouvelle gouvernance et projet de développement*, 2014.
M. SANTI, *Misère et opulence. Chroniques d'austérité globalisée*, 2015
J.-M. BOUSSARD, *Les prix agricoles. Nouveau dialogue sur le commerce des bleds*, 2017
C. BASTIDON, O. GBAGUIDI A. GHOUFRANE, A. SILEM (dir.), *Commerce, investissement et développement durable en Afrique*, 2017.
L. BOURQUIN, *Europe 3.0 : le grand réveil*, 2017.
A. ROSOWSKY, *De l'économie de pillage a la société désagrégée, un essai sur la révolution thatchérienne*, tomes 1 & 2, 2017.
► ***Série Krisis***
A. MARQUEZ-VELASCO, *Politique et économie. 10 mesures phares pour un monde meilleur*, 2015.
R. GOODFELLOW, *Le cycle des crises aux États-Unis depuis 1929. essai de systématisation de la conjoncture*, 2016.
M. LAUDET, *Aux origines de l'économie politique : Antoine de Montchrestien et son « traicte de l'oeconomie politique »*, 2016.
J. HUERTA DE SOTO, *La théorie de l'efficience dynamique*, 2017.
► ***Série Clichés***
S. BOUTILLIER, D. UZUNIDIS (dir.), *La Russie européenne. Du passé composé au futur antérieur*, 2008.
R. VOLPI, *La négociation. Pain, paix, liberté*, 2009.
► ***Série Cours Principaux***
B. NDIAYE, *Analyse économique de l'investissement en capital humain*, 2014.
P. BOUVIER-PATRON, *Economie et management de l'entreprise innovante. Réseaux, territoire et développement durable*, 2014.
J. KIAMBU, *Eléments d'analyse économique*
J.-P. MOCKERS, *Court traite d'économie et de politique économique*, 2016.
P.-Y. CARASCO, Prix de transfert et stratégies d'optimisation fiscale de la firme multinationale, 2017.
B. LANDAIS, *Les fluctuations économiques, une synthèse nouvelle*, 2017.
► ***Série L'économie formelle***
P. BRACONNIER, G. CAIRE (dir.), *L'économie sociale et solidaire et le travail*, 2013.
M. SANTI, *L'Europe. Chroniques d'un fiasco économique et politique*, 2013.
J. BERNARD, *La croissance. 10 points cruciaux*, 2013.
P.-A. LAMBERT, *Le temps de la rigueur. Fiscalité, protection sociale, mondialisation*, 2014.
F. BISMANS, *La grande récession : un autre regard sur des temps troubles (2007-2013)*, 2016.
B. SCHWENGLER, *De l'inflation à la dette publique : analyse des discours politiques*, 2016.

L'HARMATTAN ITALIA
Via Degli Artisti 15; 10124 Torino
harmattan.italia@gmail.com

L'HARMATTAN HONGRIE
Könyvesbolt ; Kossuth L. u. 14-16
1053 Budapest

L'HARMATTAN KINSHASA
185, avenue Nyangwe
Commune de Lingwala
Kinshasa, R.D. Congo
(00243) 998697603 ou (00243) 999229662

L'HARMATTAN CONGO
67, av. E. P. Lumumba
Bât. – Congo Pharmacie (Bib. Nat.)
BP2874 Brazzaville
harmattan.congo@yahoo.fr

L'HARMATTAN GUINÉE
Almamya Rue KA 028, en face
du restaurant Le Cèdre
OKB agency BP 3470 Conakry
(00224) 657 20 85 08 / 664 28 91 96
harmattanguinee@yahoo.fr

L'HARMATTAN MALI
Rue 73, Porte 536, Niamakoro,
Cité Unicef, Bamako
Tél. 00 (223) 20205724 / +(223) 76378082
poudiougopaul@yahoo.fr
pp.harmattan@gmail.com

L'HARMATTAN CAMEROUN
TSINGA/FECAFOOT
BP 11486 Yaoundé
699198028/675441949
harmattancam@yahoo.com

L'HARMATTAN CÔTE D'IVOIRE
Résidence Karl / cité des arts
Abidjan-Cocody 03 BP 1588 Abidjan 03
(00225) 05 77 87 31
etien_nda@yahoo.fr

L'HARMATTAN BURKINA
Penou Achille Some
Ouagadougou
(+226) 70 26 88 27

L'HARMATTAN SÉNÉGAL
10 VDN en face Mermoz, après le pont de Fann
BP 45034 Dakar Fann
33 825 98 58 / 33 860 9858
senharmattan@gmail.com / senlibraire@gmail.com
www.harmattansenegal.com

www.ingramcontent.com/pod-product-compliance
Lightning Source LLC
LaVergne TN
LVHW010944061026
849535LV00007B/2557
* 9 7 8 2 3 4 3 1 3 6 7 8 3 *